만병의 치유자 예수 그리스도

프레드 프란시스 보스워스 지음

한길환 옮김

하나님의 사람을 만들어 가는 엘맨
ELMAN

만병의 치유자
예수 그리스도

초판 1쇄	2024년 12월 28일
지은이	프레드 프란시스 보스워스
옮긴이	한길환
펴낸이	이규종
영업·마케팅	기태훈
기획·편집	이금환
교정·윤문	임준묵
편집·디자인	최주호
표지그림	조성은
펴낸곳	엘맨출판사
등록번호	제13-1562호(1985.10.29.)
등록된곳	서울시 마포구 토정로 222
	한국출판콘텐츠센터 422-3
전화	(02) 323-4060, 6401-7004
팩스	(02) 323-6416
이메일	elman1985@hanmail.net
	www.elman.kr
ISBN	978-89-5515-803-8 93239

값 15,000 원

차례

저자가 독자에게 드리는 글

   당신이 질병을, 남아 있어야만 하는 '육신에 가시'(고후 12:7)로 여기도록 배웠다면, 이 책의 다른 장을 읽기 전에, 제6장 "바울의 '가시'는 무엇이었나?"를 읽어 보기를 권한다. 그러지 않으면, 이 책의 다른 부분에서 제시하고 있는 성경적 주장의 진의(眞意)를 놓치기 쉬울 것이다.

옮긴이의 글

　나는 목회를 하면서 신실한 한 목회자를 만난 적이 있다. 그분과 함께 2년 이상 일주일에 한 번씩 영어 성경 공부를 해왔는데 하루는 점심 식사 시간이 되어서 식사하러 가자고 했더니 오늘은 식사를 하지 않겠다고 해서, 혹시 무슨 문제가 있느냐고 물었다. 그는 조심스럽게 그의 친구 사역자가 중병에 걸려 대수술을 앞두고 있는데, 경제적으로 어려운 친구에게 자기는 경제적인 도움을 줄 수 없기 때문에 기도라도 해야 된다고 그의 치유를 위해서 주님께 금식기도 중이라고 했다.

　나는 이 신실한 하나님의 사람을 보면서, 나는 목회를 하면서 병든 성도들의 치유를 위해서 얼마나 간절히 치유 기도를 했는가. 병든 성도들의 치유를 위해서 교회 공동체 전체가 금식하며 하나님의 긍휼하심을 고대하며 기도한다면 과연 무슨 일이 일어났을까, 나는 내 자신이 한없이 부끄럽고 얼굴이 화끈거려 하나님께 통회 자복했다.

　한국교회는 70, 80년대에 교회마다 하나님의 은혜로 기도의 불길이 타올랐고, 성령의 놀라우신 능력으로 치유 사역이 활발히 행해졌다. 그 결과 수 많은 사람들이 주님의 치유의 은 혜를 체험했다.

그러나 우리의 현실은 어떤가? 의학적인 도움을 받는 것은 불신앙은 아니다. 그러나 요즘 치유 사역을 하는 사역자들은 거의 신비주의자로 내몰리고 있다. 물론 비성경적인 사역을 하는 자칭 사역자들이 치유 사역에 관한 부정적인 이미지를 심어 놓은 사실은 부인할 수는 없다. 그러나 우리는 주님의 대위임 명령 가운데 하나인 치유 사역의 축복을 놓치고 있는 것은 참으로 안타까운 현실이다.

F. F. 보스워스의 간절한 기도는 수 많은 사람들이 그의 책인 "만병의 치유자 그리스도"를 통해 하나님 말씀의 약속을 자신의 삶에 적용하는 법을 배우기를 바라는 것이었다. 보스워스는 예수님께서 우리의 죄를 속죄하셨을 때 우리를 질병에서 구원하셨다는 전제에 근거하여 치유에 대한 놀라운 논의를 제공한다.

1924년에 처음 출간된 이 치유에 대한 고전은 70만 부 이상 팔렸고 지금도 매일 새로운 독자들에게 치유에 관한 풍요로움과 영감을 주고 있다.

불치의 병으로 의학적으로 사형선고를 받고, 삶의 소망을 잃

고 절망적인 상황에서 어찌할바를 모르고, 주님의 긍휼하심만
을 바라는 환우들, 그의 가족들 그리고 교회 성도들에게 이 책
이 주님의 치유의 생명의 강가로 인도하는 소망의 등대가 되기
를 간절히 기원한다.

옮긴이 한길환 목사

제1장

예수님의 속죄는 치유를 포함하는가?

이 질문에 대한 성경 속의 답을 해주기에 앞서, '예수님의 속죄는 치유(治癒)를 포함하는가?'라는 주제와 관련하여, 성경에서 가르치는 몇 가지 사실을 주목해 주기 바란다.

성경은 로마서 5장 12절에서 "한 사람을 통해 죄가 세상에 들어왔고, 죄를 통해 사망이 왔다."라고 선언한다. 여기서 사망이 죄를 통해 세상에 들어왔다고 분명히 말씀하고 있다. 그러므로 사망의 발단인 질병이 죄를 통해 세상에 들어온 것은 분명하다. 그렇다면, 질병이 죄를 통해 들어왔으므로 그 진정한 치료법은 그리스도의 구속(救贖)에서 찾아야 한다. 질병이 사탄의 권세를 통해 우리에게 들어왔으니, 성경은 질병을 '마귀에 억눌린 것'이라고 말씀한다(행 10:38). 자연의 힘으로 안 되면, 하나님 아들의 능력 말고 어떤 힘으로 그것을 내보낼 수 있겠는가?

자연이 회복시키는 힘 이상으로 병이 심해지면, 하나님의 능력으로 그것을 없애지 않으면, 모든 경우에 곧 죽게 될 것이다. 정직한 의사들은 이를 인정할 것이다. 그들은 자연을 보조하는 능력만을 가지고 있을 뿐 치유하는 능력은 없기 때문이다. 이 경우, 하나님의 능력이 자연을 보충하지 못하게 하는 어떤 것이 있으면, 회복을 불가능하게 만들 것이다. 그래서 야고보는 "너희 잘못을 서로 고백하라 … 그러면 치유될 것이다."(약 5:16, NKJV)라고 라고 말씀했다. 이는 그러지 않으면 치유를 받을 수 없다는 의미이다.

질병이 자연의 힘 이상으로 심해졌을 때, 환자가 자신의 죄를 고백하기 전까지는—즉 하나님께서 자신의 지고(至高)의 목적을 위해 병을 내보내시지 않는 한—자연도, 의사도, 기도조차도 환자를 구할 수가 없다. 질병은 저주의 일부이기 때문에 질병의 진정한 치료법은 십자가임이 틀림없다. 하나님 외에 누가 저주를 없앨 수 있으며, 하나님께서는 대속(代贖)을 통하지 않고 어떻게 그 일을 '공의롭게' 행하실 수 있겠는가? 한 저술가가 썼듯이, 성경은 질병이 죄악의 육체적 형벌이지만, 그리스도께서 우리의 죄로 인한 모든 육체적 채무를 그분의 몸에 짊어지셨으므로, 우리 몸은 질병으로부터 법적으로 풀려났다고 가르치고 있다.

그리스도의 대속을 통해 우리는 모두, "우리 유업의 보증"(엡 1:14)의 일부로, 우리의 일이 끝마쳐질 때까지 자연을 보충하기 위해 "예수님의 생명 또한 … 우리의 죽을 육체에 나타나게"(고후 4:11) 할 수 있다. 우리가 영적 구원의 "첫 열매들"(롬 8:23)을 받을 수 있는 것과 마찬가지로, 육체적 구원의 "첫 열매들"도 받을 수 있는 것이다.

예수님은 질병에서 우리를 구속하셨는가?

이제, 질문으로 가보자. 예수님께서 우리의 죄를 위하여 속죄하실 때 우리를 질병에서 구속하셨는가?

어떤 사람들이 가르치는 것처럼 치유가 대속(代贖)에 들어 있지 않다면 왜 구약성경 곳곳에 몸의 치유와 관련하여 주어진 대속의 예표들이 있는가? 우리가 육체적 생명, 곧 힘을 그리스도로부터 받을 수 있다는 것을 보여주기 위한 것이 아니라면, 출애굽기 12장에서, 왜 이스라엘 사람들은 육체적인 힘을 위해 유월절 어린 양의 고기를 먹으라는 명령을 받았으며, 바울은 그분께서 "우리의 유월절 어린양으로 … 우리를 위해 희생되셨다"(고전 5:7)라고 말했는가? 역대하 30장을 읽어 보면, 유월절을 제정한 지 765년이 지난 후, 그들이 유월절을 지켰을 때, "여호와께서 히스기야의 기도를 들으시고 백성을 고치셨더라"(대하 30:20)라고 되어 있다. 그래서 바울은 고린도전서 11장 29절에서 고린도 사람들이 '우리의 유월절 어린양 그리스도(고전 5:7)'의 '몸'을 올바로 '분별'하지 못한 것을 이야기하면서, 그 때문에 그들 중 많은 사람이 "약하고 병들었다"(고전 11:30)라고 하였다.

주의 만찬은 단순한 의식(儀式) 이상의 것이다. 왜냐하면 우리가 그리스도의 죽음을 상징하는 것을 먹고 마시며, 그로 인해 은혜를 받는 동안 그리스도와 연합할 수 있기 때문이다. 그리스도 안에는 육체적인 생명과 영적인 생명이 모두 있으니, "예수님의 생명 또한 … 우리의 죽을 육체에 나타나게"(고후 4:11)하는 특권을 사용하기에 이보다 더 좋은 기회는 분명히 없다.

구약성경 속의 예표(豫表)[1]에서 가르치는 치유

또 레위기 14장 18절을 읽어 보면, 나병환자의 정결을 위해 제사장이 속죄하는 내용이 있다. 우리의 치유가 그리스도의 대속에 들어있지 않다면, 왜 나병환자의 치유를 위해 속죄를 하는가? 레위기 14장과 15장의 예표는 질병이 치유되는 것은 예외 없이 속죄를 통해서였음을 우리에게 보여준다. 내 생각에는 이것이 우리가 논의하고 있는 질문에 대한 완전한 답으로, 더이상은 없다고 생각한다. 왜냐하면 이 상징적인 속죄들은 모두

---

1 예표(Type): '미리 알려주는 표징'을 뜻하는 말로, 구약성경에 있는 예표(모형)는 신약성경에 나오는 실체(원형)를 미리 알려주는 것이다.

갈보리를 가리키고, 예시(豫示)하고 있기 때문이다.

또, 예수님은 누가복음 4장 19절에서 구약성경의 희년(禧年)[2]을 언급하시면서 "주의 은혜의 해를 전파하도록" 기름부음을 받았다고 말씀하셨다. 이는 희년이 복음을 뚜렷하게 상징하는 것임을 보여준다. 왜냐하면 여기서 그분 스스로 희년을 복음 시대에 적용하고 계시기 때문이다.

레위기 25장 9절은 대속죄일이 되어야 비로소 나팔 소리로 희년의 복이 선포되었음을 보여준다. 이날 속죄 제물로 어린 수송아지를 잡고 속죄소에 피를 뿌렸다. 속죄의 피가 속죄소에 뿌려져야 비로소 자비가 베풀어졌던 것이다. 왜냐하면 피를 뿌리지 않았으면, 그곳은 심판대가 되었을 것이기 때문이다. 이는 그리스도의 속죄와 상관없이는 복음의 자비나 축복이 우리에게 베풀어지지 않는다는 것을 가르쳐 준다.

타락으로 잃어버린 모든 것의 회복

타락을 통해 우리는 모든 것을 잃었다. 예수님께서는 그분의

---

2 희년(Jubilee): 유대 민족이 가나안에 들어온 해부터 50년마다 돌아오는 '해방과 회복의 해'로서, 모든 노예가 자유를 얻고, 빚을 탕감받으며, 모든 소유가 원주인에게로 되돌려지고, 모든 경작지는 휴경하게 된다(레 25:10-17).

속죄를 통해 그 모든 것을 회복하셨다. 하나님께서는 대속죄일에 "너희는 각각 자기의 소유지로 돌아가라"(레 25:10)라고 말씀하셨다. 희년의 절차는 이렇다. 먼저 속죄를 하고, 그다음에 희년의 나팔 소리와 함께 "너희는 각자 자기의 소유지로 돌아가라"라는 기쁜 소식이 있었다. 마찬가지로, 그 절차는 지금도 동일하다. 먼저 갈보리, 그다음 그분께서 "우리 죄를 감당하셨다"(벧전 2:24), "우리의 질병을 감당하셨다"(마 8:17) 등, 복음의 나팔 소리가 "모든 피조물에게"(막 16:15) 들리면, 우리 각자가 자기 소유지[3]로 돌아갈 수 있음을 보여준다.

하나님의 일곱 가지 구속사적 칭호 중 하나가 "나는 너를 치유하는 여호와이다"(출 15:26)라는 뜻의 여호와-라파인데, 이는 우리 각자가 원래의 상태로 사면되어 돌아갈 수 있다는 것을 보여준다. 복음 시대에 회복되어야 할 두 가지 중요한 소유지는 영혼과 몸의 건강이다. 그러므로 어디든 그리스도께서 "주의 은혜의 해[4]"(눅 4:19)를 전하시는 곳에서는 누구에게나 용서와 치유가 베풀어졌다. 이는 속사람과 겉사람이 온전해지고, 하나님을 섬길 준비가 되게 하기 위한 것으로, 그들이 "모든 선한 일을 하도록 완전히 갖추어져"(딤후 3:17) 그들의 길을

3　소유지(Possession): 지파별로 원래 분배받았던 땅을 말하는 것으로, 희년 법에 의하면, 50년마다 모든 토지는 원주인에게로 원상회복이 된다.

4　주의 은혜의 해(the acceptable year of the Lord): '희년' 또는 '자유의 해'라고도 하며, 메시아의 오심을 상징한다.

마칠 수 있도록 하려는 것이다.

갈보리와 상관없이 구원받을 수 있다고 믿는 크리스천사이언스⁵ 신자들을 비난하는 근본주의자들 중 일부는 치유를 믿지만, 치유가 갈보리와 상관없이 주어진다고 말하면서 정확히 똑같은 실수를 저지르고 있다. 그리스도의 피가 혈관에서 흐를 때도 그것이 뿌려졌을 때와 똑같이 효력이 있다고 누가 어떻게 말할 수 있는지, 그것은 그들뿐 아니라 내게도 미스터리이다. 그와 상반되는 구약성경의 모든 피 흘리는 희생제물과 또한 "피 흘림 없은즉 (죄)사함이 없다"(히 9:22)라는 말씀에도 불구하고 말이다.

피 없는 종교를 받아들이면, 당신은 관념의 종교만 갖게 되고, 인간적인 감동만 있을 뿐이다. 왜냐하면 "영광이 가득한, 말로 표현할 수 없는 기쁨"(벧전 1:8)은 그리스도의 피로 구원받은 사람들 외에는 결코 알 수 없기 때문이다. 이 근본주의자들은 어떻게 그리스도의 죽으심과 상관없이 치유가 주어진다고 말할 수 있는지, 그것도 내게는 큰 미스터리이다. 사람의 어떤 것도 희생 없이 구원받는 것은 성경에 없다.

---

5   크리스천사이언스(Christian Science): M.B.Eddy가 성경 속의 치유의 과학을 계시받았다며 창시한 신흥 종교로, 병의 원인은 마음에 있다며 심리적 치료를 강조하고, 그녀가 쓴 「과학과 건강」이라는 책을 경전으로 사용하고 있다.

갈보리와 상관없이 몸의 치유가 주어지고 그것이 전파될 것이라면, 왜 대속죄일이 되어서야 비로소 나팔 소리에 의해 희년의 복이 선포되었는가? 바울은 하나님의 모든 약속이 "예"와 "아멘"인 것이 '그리스도 안에서'라고 말했다(고후 1:20). 달리 말하면, 치유의 약속을 포함한 하나님의 모든 약속은 그 존재와 능력이 오로지 그리스도의 구속 사역 덕분이라는 것이다.

치유는 천년왕국 때까지 미뤄지지 않음

어떤 사역자들은 몸의 치유를 천년왕국 때로 넘기려고 한다. 그러나 예수님은 "오늘[6] 너희가 듣는 중에 이 성경 말씀이 이루어졌도다"(눅 4:21)라고 말씀하셨다. 하나님께서 교사들, 기적을 행하는 사람들, 치유의 은사를 가진 사람들 등을 임명하신 곳은 교회(천년왕국이 아님)였다(고전 12:28). 교회의 누구도 천년왕국 때는 치유가 필요하지 않을 것이다. 왜냐하면 그들은 천년왕국 이전에 영화된 몸을 받게 될 것이기 때문이다. 그때는 그들이 "들려 올라가 공중에서 주님을 만나는"(살전 4:17) 때이며, "죽을 것이 죽지 않음을 입는"(고전 15:53-54) 때이다. 우리가 치유를 천년왕국 때로 넘기려면, 하나님께서 교회에 임명하신 교사들이나 다른 사람들도 치유의 은사를 가진 사람들

---

6   천년왕국 때가 아님

과 함께 그때 임명해야 할 것이다. 치유가 오직 천년왕국 때만 있는 것이라고 말하는 것은 우리가 지금 천년왕국에 있다고 말하는 것과 같은 말이다. 왜냐하면 하나님께서는 지금도 수많은 사람을 치료하고 계시기 때문이다.

하나님의 총괄적인 약속은 "주의 은혜의 해"(눅 4:19)에 "그분의 영을 모든 육체에 부어 주신다"(욜 2:28)라는 것인데, 이는 성령을 부어 주신다는 것이다. 성령께서는 그리스도의 집행자로 오셔서 우리를 위해 구속의 모든 복을 집행하신다. 즉 "마지막 원수인 사망이 멸망 받을"(고전 15:26) 때까지 우리에게 "보증(담보물)"(엡 1:14) 또는 우리의 영적, 육체적 유업의 "첫 열매들"(롬 8:23)을 가져다 주시며, 그리하여 우리가 완전한 유업을 받게 하신다.

믿음은 들음을 통해 온다

이 시대의 많은 병자가 자신의 육체적 소유로 돌아오지 못하는 이유는 그들이 그 나팔 소리를 듣지 못했기 때문이다. "믿음은 들음을 통해 온다"(롬 10:17). 그들이 듣지 못한 것은 많은 사역자가 신학교에 다니는 동안 그들의 복음 나팔을 고장 내기 때문이다. 그들은 마치 브라스 밴드에서 트롬본을 연주했던 내가 아는 어떤 사람을 생각나게 한다. 리허설이 시작될 때, 소년들은 호른의 마우스피스에 작은 못을 꽂아서, 그가 불 때 그의 숨이 못의 머리에 부딪혀 호른에서 소리를 많이 나올 수 없게 만들었다. 하지만 그는 무엇이 잘못되었는지 발견하지 못한 채 리허설을 모두 진행하였다. 이 사람과 같은 일부 설교자들은 복음 나팔을 제대로 불고 있다고 생각하지만, 거기서 나와야 할 것의 절반도 나오지 않는다는 사실을 발견하지 못하였다. 그들은 바울이 "하나님의 모든 권고"(행 20:27)를 선포한 것처럼 하지 않았다.

레위기의 예표들이 보여주듯이 치유는 언제나 속죄를 통해 이루어졌다. 마태복음 8장 16-17절에서는 그리스도께서 대속을 근거로 모든 질병을 치료하셨다고 분명히 말씀하고 있다. 병자를 치료하는 동안 예외를 두지 않으신 그분의 근거는 대속 때문이었다. "예수님께서 … 병든 자들을 모두 고쳐주셨으니, 이는 이사야 선지자를 통해 '그분이 우리의 연약한 것을 친히 담당하시고, 병을 짊어지셨도다.'라고 말씀하신 것을 이루어지게 하려 하심이라"(마 8:16-17). 그분께서 짊어지신 것은 '우리의' 질병이므로 그분의 속죄는 우리 모두를 아우르는 것이었고, 이 예언을 이루기 위해서는 모든 사람의 치유가 필요했을 것이다. 예수님께서는 살아 있는 믿음으로 그분께 나아오는 모든 사람을 지금도 치료하고 계신다. "말씀하신 것을 이루어지게 하려 하심이라."

'더 어두웠던' 예표의 시대에도 모든 백성이 치유 받는 특권을 가지고 있었으므로, 분명히 '더 좋은' 경륜[7]의 시대에는 그것의 "더 좋은 언약"과 "더 좋은 약속"(히 8:6)으로 하나님께서 구약의 자비를 거두지 않으셨다. 만일 그렇다면, 우리는 그리스도의 오심과 속죄를 통해 얻은 그 많은 것을 빼앗기는 것이다.

민수기 16장 46-50절에 보면, 이스라엘 백성 중 14,700명이 염병으로 죽은 후, 아론은 제사장으로서 중재자의 직무로 죽은 자와 산 자 사이에 서서 백성을 대신하여 염병 곧 육체의 치유를 위해 속죄를 하였다. 마찬가지로 우리의 중재자이신 그리스도께서는 속죄를 통해 죄와 질병이라는 '염병'에서 우리를 구속하셨다.

놋 뱀의 예표

민수기 21장 9절을 읽어 보면, 대속의 예표로 들어 올려진 놋 뱀을 바라보고 이스라엘 백성들이 모두 고침을 받는다(요 3:14). 치유가 대속에 있지 않다면, 왜 이 죽어가던 이스라엘

---

7 경륜(經綸)이란, 하나님께서 이 세상에 대한 자신의 계획(목적)을 이루시는 방법을 말하는데, 모세를 통한 경륜인 옛 언약에 비해 그리스도를 통한 경륜인 새 언약을 '더 좋은 경륜', '더 좋은 언약'이라고 한다.

백성들은 육체적 치유를 위해 대속의 예표를 바라볼 필요가 있었을까? 치유와 용서가 모두 대속의 예표를 통해서 왔는데, 우리가 그 원형이신 그리스도를 통해서 왜 안 되겠는가? 그들의 저주가 놋 뱀을 들어 올림으로써 없어졌던 것처럼, 우리의 저주는 그리스도를 들어 올림으로써 없어졌다고 바울이 말했다 (갈 3:13).

욥기 33장 24-25절을 읽어 보자. "하나님이 그 사람을 불쌍히 여기사, '그를 건져서 구덩이에 내려가지 않게 하라. 내가 대속물을 얻었다.' 하시리라. 그런즉, 그의 살이 청년보다 부드러워지며, 젊음을 회복하리라." 여기서 우리는 욥의 육체가 속죄를 통해 치유되었음을 본다. 우리는 왜 안 되겠는가?

다윗은 시편 103편을 시작하면서, 자신의 영혼을 불러내어, 여호와를 송축하고 "그분의 모든 은택을 잊지 말라"라고 했다 (2절). 그런 다음 구체적으로 "그분께서 네 모든 죄악을 용서하시고, 네 모든 병을 고치신다"(3절)라고 했다. 하나님은 어떻게 죄를 용서하시는가? 물론, 그리스도의 속죄를 통해서이다. 그분은 같은 방법으로 질병을 치료하신다. 왜냐하면 예수 그리스도의 속죄가 타락한 인간에게 은택(恩澤)을 줄 수 있는 유일한 근거이기 때문이다. 하나님께서 대속을 통하지 않고 어떻게 인간의 어느 부분이라도 구원하실 수 있는가?

고린도전서 10장 11절에서 바울은 우리에게 이렇게 말했다. "이 모든 일은 그들에게 본보기(예표)로 일어난 것이며, 말세를 만난 우리에게 경고하려고 기록된 것이다". 갈라디아서 3장에서는 이 일들이 이스라엘뿐만 아니라, 우리를 위한 것임을 성령께서 분명히 보여주신다.

"그런즉 믿음으로 말미암은 자들은 아브라함의 자손인 줄 알지어다…이 약속들은 아브라함과 그 자손에게 말씀하신 것인데…너희(이방인)가 그리스도의 것이면 곧 아브라함의 자손이요, 약속대로 유업을 이을 자이니라"(갈 3:7, 16,29).

"그러므로 이제부터 너희는 외인도 아니요, 나그네도 아니요, 오직 성도들과 동일한 시민이요, 하나님의 권속이라"(엡 2:19).

브라이언트(Daniel Bryant) 목사는 그의 저서 「우리 병자 중의 그리스도」에서 다음과 같이 말했다.

"교회는 그때 교회에 무엇이 필요한지를 다시 알게 된 것 같다. 즉, 자비하신 그리스도께서는 병든 이방인과 병든 유대인 사이에 차이가 없다는 것이다."

여호와의 7가지 구속적 칭호

치유가 대속에 들어 있다는 나의 또 다른 결정적인 논거(論據)는 여호와의 7가지 구속적 칭호에서 찾을 수 있다. 스코필드 목사는 구속적 칭호[8]에 관한 「스코필드 주석 성경」의 출애굽기 34장 6절 각주에서 "여호와라는 이름은 분명히 하나님의 구속적 칭호"이며, "스스로 있는 자"라고 자신을 나타내시는 분을 의미한다고 말했다. 그는 이 일곱 가지 구속적 칭호가 "연속되고 증가하는 자기 계시를 가리킨다."라고 말했다. 그리고 그는 "인간과의 구속적 관계에서 여호와는 잃어버린 상태로부터 끝까지 인간의 모든 요구를 충족시키시는 분으로서의 그분을 나타내는 일곱 개의 복합 칭호를 가지고 계신다."라고 말했다.

이 칭호들이 나타내는 것은 우리에 대한 그분의 구속적 관계이기 때문에, 그것들은 각기 우리가 구속받은 갈보리를 가리켜야 하며, 각 칭호가 계시하는 복은 대속을 통해 주어져야 한다. 이는 성경이 분명하게 가르치는 것이다. 일곱 가지 구속적 칭호는 다음과 같다.

여호와-삼마(JEHOVAH-SHAMMAH), "여호와께서 거기 계시다"(겔 48:35), 즉 '현존(現存)'은 "볼지어다 내가 항상 너

---

8   구속적 칭호(Redemptive Names): 하나님의 구속(救贖), 즉 죄인들의 구원 및 대속(代贖)과 관련된 칭호들

희와 함께 있으리라"(마 28:20)라고 말씀하신 분의 임재를 누릴 수 있는 구속의 특권을 우리에게 계시한다. 이 복이 속죄를 통해 주어진다는 사실은 우리가 "그리스도의 피로 가까워졌다"(엡 2:13)라는 사실로 입증된다.

여호와-샬롬(JEHOVAH-SHALOM), "여호와는 우리의 평화"는 그분의 평강을 누리는 구속의 특권을 우리에게 계시한다. 그래서 예수님은 "나의 평안을 너희에게 주노라"(요 14:27)라고 말씀하신다. 이 복은 대속 안에 있다. 왜냐하면 하나님께서 "그분의 십자가의 피로 화평을 이루셨을 때"(골 1:20) "그가 징계를 받음으로 우리는 평화를 누리게 되었기" 때문이다(사 53:5).

여호와-라아(JEHOVAH-RA-AH), "여호와는 나의 목자시다"(시 23:1)로 번역된다. 그분은 "양들을 위하여 목숨을 버리심"(요10:11)으로 우리의 목자가 되셨다. 그러므로 이 특권은 대속을 통해 얻은 구속의 특권이다.

여호와-이레(JEHOVAH-JIREH), 제물은 "여호와께서 준비하실 것이다"(창 2:8). 그리스도는 우리의 완전한 구속을 위해 준비된 제물이셨다.

여호와-닛시(JEHOVAH-NISSI), "여호와는 우리의 '깃발'이시다." 또는 '승리', 또는 '대장'. "주 예수 그리스도를 통해 우리에게 승리를 주시는 하나님께 감사합니다"(고전 15:57)라고 말하는 구속의 특권을, 대속을 통하여, 우리에게 주신 것은, 그리스도께서 "십자가로 악한 권세들을 이기신"(골 2:15) 그때였다.

여호와-치드케누(JEHOVAH-TSIDKENU), "여호와 우리의 의(義)"로 번역된다(렘 23:6). 그분은 십자가에서 우리 죄를 짊어지심으로 우리의 의가 되셨다. 그러므로 "의의 선물"(롬 5:17)을 받은 우리의 구속적 특권은 대속의 복이다.

여호와-라파(JEHOVAH-RAPHA), "나는 너희의 의사 여호와이다." 또는 "나는 너희를 치료하는 여호와이다"(출 15:26)로 번역된다. 이 칭호는 우리에게 치유받는 구속적 특권을 계시하기 위해 주어졌다. 이 특권은 대속을 통해 얻어진 것으로, 이사야는 구속장(章)에서 이렇게 선포했다. "그분은 분명히 우리의 질고(또는 질병)를 지고, 우리의 슬픔(또는 고통)을 감당하셨다"(사 53:4).

주님은 우리의 치유자

논증을 위해, 나는 여호와 라파를 마지막에 두었다. 사실은 하나님께서 이스라엘 백성들이 홍해를 건넌 후 주신 바로 첫 번째 언약이—이는 우리 구속의 특별히 전형적인 예이다.—치유의 언약이었다. 그리고 바로 이때 하나님은 첫 번째 구속과 언약의 칭호인 여호와 라파, 즉 "나는 너희를 치료하는 여호와이다"라는 말씀으로 그분 자신을 우리 의사라고 계시하셨다. 이것은 약속일 뿐만 아니라 "법규와 율례"이기도 하다(출 15:25). 그리하여 이 고대 율례에 부응하여, 우리는 야고보서 5장 14-15절의 명령에 따라 그리스도의 이름으로 치유하는 긍정적인 의식을 가지고 있는데, 그것은 오늘날 모든 교회에 주님의 만찬과 그리스도인의 세례 의식과 마찬가지로 신성하고 구속력이 있다.

"너희 중에 병든 사람이 있느냐? 교회 장로들을 부르게 하라. 그리고 그들이 주님의 이름으로 기름을 바르고, 그를 위해 기도하게 하라. 믿음으로 드리는 기도는 병자를 구할 것이며, 주님께서 그를 일으키실 것이다. 그리고 만일 그 사람이 죄를 범했다면, 그들이 용서받게 할 것이다"(약 5:14-15).

'여호와 라파'는 치유의 언약을 보증하는 그분의 구속적 칭호 중 하나이므로, 그리스도께서는 승귀(昇貴)[9] 중에, 그분의 나머지 6개 구속적 칭호가 각각 나타내는 임무와 마찬가지로 치료자로서의 임무도 저버릴 수가 없으셨다. 그분의 구속적 칭호가

---

9 승귀(Exaltation): 그리스도의 원래 신분의 회복인 '높아지심'을 뜻하며, 부활, 승천, 보좌 우편에 앉으심, 재림을 모두 포함한다.

계시하는 복 중 그 어떤 것이라도 이 "더 좋은" 경륜의 시대에 철회된 것이 있었는가?(히 8:6)

치유를 가르치는 몇 가지 예표를 살펴보았다. 이제 그 원형(原形)인 대속 그 자체에 대하여 위대한 구속장(救贖章)인 이사야 53장에 기술된 대로 살펴보자. 이는 가장 위대한 선지자의 가장 위대한 장(章)으로, 그 안에 대속의 교리가 충분히 서술되어 있다. 구약의 예표들이 치유를 가르쳤으므로, 그 원형을 더 약한 근거로 드는 것은 분명히 부당하고 비논리적이다.

그분이 우리의 고통을 감당하셨다

이 장을 인용하기 전에, 이사야 53장 4절의 히브리어 홀리(Choli)와 마크오브(Makob)가 '질고'와 '슬픔'으로 잘못 번역되었음을 말하고 싶다.

원문을 검토하는 데 시간을 들인 사람들은 모두 이 두 단어가 구약성경의 다른 모든 곳에서 각각 '질병'과 '고통'을 의미한다는 것을 알아본다. 홀리(Choli)라는 단어는 신명기 7장 15절과 28장 61절, 열왕기상 17장 17절, 열왕기하 1장 2절과 8장 8절, 역대하 16장 12절과 21장 15절, 그리고 다른 본문에서 '질병'과 '병'으로 해석된다.

마크오브(Makob)욥기 33장 19절과 다른 본문에서 '고통'
으로 번역된다. 욥기 14장 22절에서 '아프고'로 번역된 단어
는 카아브(Kaab)인데, 이를 어근으로 마크오브라는 말이 나왔
다. 그러므로 선지자는 이사야 53장 4절에서 말하기를, "그는
분명히 우리의 '질병'을 짊어지고, 우리의 '고통'을 감당하였
거늘"이라고 하였다. 독자는 이 점에 대한 추가적인 증거를 위
해 표준 성경 주석을 참조하지만, 마태복음 8장 16-17절보다
더 나은 주석은 없다.

영감받은 해설

이사야 53장 4절은 영혼의 질병을 언급하는 것일 수 없으며,
'질병'과 '고통'으로 번역된 단어 중 어느 것도 영적인 문제에
대한 언급이 아니라, 몸의 질병만을 언급하고 있다는 것이 다
음에서 입증된다.

"예수께서는 말씀으로 그 귀신들을 쫓아내시고, 아픈 자들을 모두
고쳐주셨으니, 이는 이사야 선지자가 "그분이 우리의 연약함을 친
히 맡으시고, 우리의 질병을 짊어지셨다."라고 말한 것을 이루어지
게 하시려는 것이었다"(마 8:16-17).

이것은 이사야 53장 4절에 대해 영감받은 해설로, 선지자가
몸의 질병을 언급하고 있음을 분명히 말하고 있다. 그러므로 홀

리(choli), 즉 "질병"이라는 단어는 이사야서에서 반드시 문자 그대로 읽어야 한다.

이 구절에 영감을 주신 동일한 성령님이 마태복음에서 이를 인용하여, 그리스도께서 몸을 치유하시는 능력을 보편적으로 적용하신다는 설명을 하신 것이다. 다른 견해를 취한다는 것은, 성령님이 자기 예언을 인용하면서 실수했다고 비난하는 것과 마찬가지이다.

나는 여기서 해박한 번역자인 영(Young) 박사의 「직역 성경」을 인용하려고 한다(이사야 53:3-6,10,12).

3절   그분은 멸시를 받아 사람들에게 버림받았으며, 고통(마크 오브-makob)을 많이 겪으시고 질병(홀리-choli)을 아시는 분이다. 마치 외면을 당하는 사람처럼, 그분은 멸시를 당하였고, 우리는 그분을 중하게 여기지 않았다.

4절   그분은 분명히 우리의 질병(홀리)을 짊어지시고 우리의 고통(마크오브)을 감당하셨다. 그런데 우리는 그분이 범죄가 많아 하나님께 벌 받으며 고통받는다고 생각하였다.

5절   그분이 찔리는 것은 우리의 범죄 때문이요, 그분이 상처를 입는 것은 우리의 죄악 때문이다. 그분이 형벌을 받음으로 우리는 평화를 누리고, 그분이 상처를 입음으로 우리에게는 치유가 있다.

6절　양 같은 우리는 모두 돌아서서 각기 제 갈 길로 헤매었는데, 여호와께서는 우리 모두의 형벌을 그분이 당하게 하셨다.

10절　여호와께서는 그분을 상하게 하심을 기뻐하시어, 병(choli) 이 들게 하셨으니, 만일 그분의 영혼을 속건제물로 만들면, 그분이 자손을 보게 되어, 그분의 날이 길 것이요 .

12절　그분은 범죄자들과 함께 헤아림을 받으셨으며, 그분이 많은 사람의 죄를 짊어지셨고, 범죄자들을 위하여 중재하셨다.

히브리어-영어 성경의 유능한 번역자인 리저(Isaac Leeser) 박사는 「성경 24권」에서 이 구절들을 다음과 같이 번역한다.

3절　그분은 사람들에게 멸시와 기피를 당하셨다. 고통을 많이 겪으신 분이요, 질병을 아시는 분이라 …

4절　그러나 그분은 오로지 우리의 질병을 스스로 짊어지시고, 우리의 고통을 감당하셨다. …

5절　그분의 상함을 통하여 우리에게 치유가 베풀어졌다.

10절　그러나 여호와께서는 그분을 질병으로 상하게 하시기를 기뻐하셨다.

로더럼(Rotherham)의 10절 번역은 "여호와께서 그분에게 병을 부과하셨다."(Emphasized Bible, 강조된 성경)라고 되어 있다.

당신과 나에게서 갈보리로

이사야 53장 4절에서 '지고(나사-nasa)'라는 단어는 "들어 올리다, 운반해 가다, 실어나르다, 멀리 옮기다"를 의미한다. 이는 레위기에 나오는 단어로 백성의 죄를 지고 간 희생 염소에게 사용되었다. "염소는 그들의 모든 죄악을 지고 사람이 살지 않는 땅으로 갈 것이요, 그는 그 염소를 광야에 놓을지니라"(레 16:22). 그래서 예수님은 나의 죄와 병을 '진영 밖에서'(히 13:13) 십자가까지 지고 가셨다(11-12절 참조). 죄와 병이 나에게서 갈보리로 넘어간 것이다. 구원과 건강이 갈보리에서 나에게로 넘어온 것이다.

다시 말하지만, 구속장의 이 4절에서, 히브리어 동사 나사(nasa-짊어지다)와 싸발(sabal-감당하다)은 모두 11절과 12절에서 죄를 짊어지는 대속자에게 사용된 것과 동일하다. "그들의 죄악을 감당(싸발-sabal)할 것이다"(사 53:11), "그가 많은 사람의 죄를 짊어지며(나사-nasa)"(사 53:12).

두 단어 모두 '무거운 짐을 맡는 것'을 뜻하며, 짊어진 것을 실제로 대체하고 완전히 제거함을 의미한다. 예수님께서 우리의 죄와 우리의 병과 우리의 고통을 짊어지셨을 때, 그분은 그것들을 지고 가셨다, 즉 그것들을 제거하셨다. 이 두 단어는 모두 대체, 즉 한 사람이 다른 사람의 짐을 지는 것을 의미한다.

이 점에 관해 스티븐스(W. C. Stevens) 목사가 쓴 훌륭한 글 「우리의 치유자 예수」를 인용하고자 한다.

"이 예언은 치유를 대속의 필수적인 부분으로 제시하고 있다… 이제 이 두 가지 히브리어 동사(nasa, sabal)의 어의(語義)가 무엇이든, 두 경우, 즉 죄를 감당함과 질병을 감당함, 모두에서 동일한 의미가 적용되어야 한다. 한 경우에서 그 의미를 왜곡하면, 다른 한 경우에도 그것을 왜곡할 자유를 주게 될 것이다. 또 이 예언에서뿐만 아니라, 구약의 다른 모든 곳에서도, 죄와 관련될 때는 이 동사들의 의미가 정확히 '대신하는', '속죄하는'이라는 것에는 어떤 복음주의 학자도 이의를 제기하지 않는다. 그러므로 이 예언은 그분께서 우리 죄를 맡으실 때마다 부여되는 '대리하는', '속죄하는'이라는 특성을 그리스도와 병과의 관계에서도 동일하게 부여하는 것이다."

영감받은 번역

그래서 우리는 그리스도께서 병을 짊어지셨다는 구속적인 의미를 성령을 통해 고수하고 있다. 이러한 해석은 이사야 53장 4절에 대한 리취(Del Itzsch) 교수의 해설에 의해 완전히 뒷받침된다. 자유롭게 그러나 믿음으로 마태복음은 이 본문을 "우리의 연약함을 친히 맡으시고, 우리의 병을 짊어지셨다"(마 8:17) 라고 옮기고 있다. 마태복음에서는 예수님께서 온갖 몸의 병에 베푸시는 도움을 이사야서에서 여호와의 종께 대하여 예언한 내용의 성취로 해석하고 있다.

이사야 53장 본문의 히브리어 동사는 죄에 대해 사용될 때 "무거운 짐을 맡고, 죄의 책임을 자기 자신의 것처럼 짊어지다"를 뜻한다(11-12절). 즉, 속죄하기 위하여 중재적으로 죄를 짊어지는 것이다. 그러나 4절에서는 죄가 아니라 우리의 병과 고통이 대상이며, 중재적인 의미는 그대로 남아 있다.

이는 여호와의 종께서 단순히 우리 고난의 동반자가 되셨다는 것이 아니라, 우리가 짊어져야 했고, 마땅히 짊어져야만 했던 고난을 그분께서 떠맡으신 것을 의미하는 것이다. 그러므로 그분께서는 그것들을 짊어지고 가셨을 뿐 아니라 우리를 그로부터 벗어나게 하시기 위해 몸소 그것들을 견뎌내신 것이다. 그런데, 누가 다른 사람이 짊어져야 했던 고난을 자신이 짊어지고, 단순히 함께하는 것이 아니라, 그를 대신하여 이를 행할 때, 우리는 그를 대리자라고 부른다. 그러니 여기서 최고의 정확한 해석은 인간의 질병을 짊어지고 없애는 것이 구속 사역의 필수적인 부분이며, 그것은 속죄가 베풀어 주는 것이며, 십자가에 못 박히신 그리스도의 교리의 한 부분이라는 것, 또 예수님은 영혼은 물론 몸의 구세주시라는 것을 보여주고 있다. 그리고 "그분께서는 저주가 있는 곳까지 그분의 복이 흘러가도록 하려고 오셨다".

누군가가 말했다,

"직접적인 신의 섭리에 의한 몸의 치유는 복음 역사의 어느 시대에나 모든 신자에게 은혜가 된다. 이는 그것을 전해야 하는 설교자의 임무 문제를 해결해 준다."

제기된 반론

캐나다의 한 저술가는 마태복음 8장 17절이 대속을 언급하는 것일 수 없다고 반대하였다. 왜냐하면 그리스도께서는 아직 십자가에 못 박히시지 않으셨으므로, 이는 "그리스도를 속죄하는 삶을 살게 하는 것"이 될 것이기 때문이라는 것이다. 이것은 나에게 전혀 논란의 여지가 없다. 왜냐하면 그리스도는 "창세로부터 죽임을 당한 (하나님의) 어린 양"(계 13:8)이시기 때문이다. 그분은 갈보리 이전에도 질병을 치유하셨을 뿐 아니라, 죄도 용서하셨다. 그렇지만 이 두 가지 자비 역시 미래의 대속을 근거로 주어졌다.

뉴욕의 한 유명한 사역자도 사실상 동일한 반론을 제기했다. 그는 마태복음에서 그리스도가 병자를 고침으로써 이사야의 예언을 성취하고 있다는 사실이 "예수님께서 우리의 병을 십자가 위에서 짊어지신 것이 아니라, 가버나움 성에 살아 계실 때였음"을 증명한다고 주장한다. 이에 답하면서, 내가 물어야 할 것은 오로지 이것이다. 예수님께서 우리의 '죄악'을 가버나움에서 짊어지셨는가, 아니면 십자가에서 짊어지셨는가? 그분의 병자 치유는 물론 죄 용서도 모두 다가오는 그분의 속죄와 관련하여 이루어졌다. 왜냐하면 "피 흘림이 없이는 죄 사함이 없기"(히 9:22) 때문이다.

예언은 "그가 우리의 '병'을 짊어지고"(사 53:4)라고 말하고 있다. 여기에는 모든 백성은 물론, 가버나움에 있는 사람들도 포함된다. 구속장 4절과 5절에서 우리는 그분께서 무엇을 위해 죽으셨는지를 본다.

- 우리의 질병
- 우리의 고통
- 우리의 범법
- 우리의 죄악
- 우리의 평화
- 우리의 치유 ("그가 채찍에 맞음으로 우리가 나음을 입었다.")

우리가 이러한 복에서 우리 자신을 배제한다면, 틀림없이 잘못 인용한 것일 것이다.

구속장에서 "분명히"(4절)라는 단어가 나오는 유일한 경우는 그분께서 우리에게 치유를 베푸신다는 말을 시작할 때이다. 그분의 속죄하는 죽음을 통한 우리의 고통과 병으로부터의 완전한 구속, 이보다 더 강력한 말은 없을 것이다. 어떤 사람들이 생각하듯이, 만일 그리스도께서 낮아지셨을 때 하셨던 것 같은 보편적인 치유를 승귀(昇貴) 중에는 안 하려고 하신다면, 다음의 약속을 어기셔야 할 것이다.

> "내가 진실로, 진실로 너희에게 이르노니, 나를 믿는 사람은 내가 하는 일을 그도 할 것이며, 이보다 더 큰 일도 하게 될 것이다. 왜냐하면 내가 내 아버지에게로 가기 때문이다. 너희가 무엇이든지 내 이름으로 구하면, 내가 행할 것이다. 이는 아버지가 아들을 통해 영광 받으시게 하려는 것이다"(요 14:12-13).

게다가, 만일 그것이 사실이라면, 그분은 "어제나 오늘이나 영원토록 동일하신 예수 그리스도"(히 13:8)가 아니실 것이다.

대속에 치유가 포함되어 있다는 사실은 승귀 중에도 그분의 치유 사역의 지속을 '필요로 한다.' 왜냐하면 그분이 아버지와 함께 계시는 동안에도 그분의 구속 사역은 세상에 사는 모든 사람을 포괄하기 때문이다. 따라서 그분은 우리의 기도에 대한 응답으로 하나님의 오른편에서 동일한 일과 '더 큰 일'을 행하시겠다는 위의 약속을 주신다. 교회가 성령의 지배 아래 있는 한 그 동일한 일이 계속되어 왔으며, 고든(A. J. Gordon) 박사가 "우리가 원초적 신앙과 사도적 단순성[10]의 부흥을 발견할 때마다 사도 시대를 명확히 특징짓는 복음주의적 기적을 발견하게 된다."라고 말한 것처럼, 역사가 이를 보여주고 있다.

사도 바울은 우리에게 이렇게 말했다. "하나님께서 우리를 위해, (자신의) 죄를 알지 못하는 그분을 죄가 있게 만드셨다."(고후 5:21). 마찬가지로 우리는 이렇게 말할 수 있다. "하나님께서 '자신의 병'을 알지 못하는 그분을 우리를 위하여 '병들게' 하셨다." 베드로는 "그분께서는 몸소 나무 위에서 우리의 죄를 그분의 몸으로 짊어지셨다"(벧전 2:24)라고 썼고, 이사야는 선언했다. "그분은 분명히 우리의 '병'을 짊어지셨고, 우리의 '고통'을 감당하셨다"(사 53:4). 하지만, 이서(Leeser)가 번역한 대로, 그분은 "오직 우리의 질병만 짊어지셨고"(4절) 그분 자신의 질병은 전혀 없으셨다.

다시, 앞서 인용한 영(Young) 박사의 이사야 53장 6절 번역에는 "여호와께서 우리 모두의 형벌을 그분이 당하게 하셨다."라고 되어 있다. 한 저술가가 '죄로 인한 형벌은 무엇인가?'라는 점에 관해 알아본 다음, "본질적으로 모든 사람은 죄가 영혼의 정죄, 후회, 정서적 불안, 그리고 흔히 병으로 처벌된다는

---

10 단순성(Simplicity): 우리의 존재와 소유는 모두 하나님께서 주신 선물임을 알고, '어린아이처럼' 하나님을 신뢰하며 의존하는 것

것을 인정할 것이며, 이런 것들이 대속으로 인해 면해진다는 것을 믿을 것이다"라고 말했다. 어떤 성경의 규정이나 근거에 의해 끝에 언급된 형벌이 나머지 형벌과 분리되는가? "여호와께서 우리 모두의 형벌을 그분이 당하게 하셨다."라는 선지자의 말에 주목하라. 병은 그 형벌의 일부이므로, 병도 대속에 포함된다는 것이, 하나님의 변경할 수 없는 말씀으로 입증된다.

같은 저술가가 그다음에 물었다. "하나님께서 한 가지만 제외하고 모든 처벌과 죄의 결과로부터 구원해 주실 것이며, 이 한 가지(병)는 불가피하게 끝까지 남아 있어야 한다는 것이 정말인가?" 그런 생각은 하지 마라! 이사야는 이렇게 단언하였다. "우리 모두의 '전체' 형벌을 그분이 당하게 하셨다." 그분은 "다 이루었다."라고 증언하셨다. 우리 전능하신 예수님의 일에는 불완전한 것이 전혀 없었다.

나는 여기에 다음과 같이 덧붙였을 것이다. 만일 그렇지 않았다면, 선지자가 "여호와께서 우리 모두의 형벌을 '일부만' 그분이 당하게 하셨다"라고 해야 했을 것이다.

십자가는 모든 사람을 위한 완벽한 치료법

예수님은 사람의 영과 혼과 몸을 구속하시기 위해 영과 혼과 몸으로 십자가에 달리셨다. 그러므로 십자가는 사람의 영과 혼과 몸을 위한 구원 계획의 중심이다.

사람에게 알려진 모든 형태의 병과 질병이 포함되었으며, 그 중에는 특별히 "율법의 저주"(갈 3:13)라고 까지 거론되는 것도 많다(신명기 28:15-68의 예를 보라). 이제 갈라디아서 3장 13절에는 "그리스도께서는 우리를 위하여 저주를 받으심으로 율법의 저주로부터 우리를 구속하셨다. 성경에 '나무에 달린 자는 모두 저주받은 자'라고 기록되어 있기 때문이다". 그리스도께서는 우리를 구속하시기 위해 율법 아래 태어나셨고, 율법의 저주를 짊어지셨으며, 그리하여 모든 병과 질병에서 우리를 구속하셨다. 이보다 더 분명한 선언을 우리가 어떻게 얻을 수 있겠는가? 여기에서 예수님이 우리를 율법의 저주로부터 구속하신 것은 십자가 위에서였다고 말하고 있다. 다시 말해서, 그분께서는 신명기 28장에 명시된 다음과 같은 질병에서 우리를 구속하셨다: "폐병(결핵), 열병, 염증"(22절), "애굽의 종기, 종양, 피부병, 가려움증"(27절), "광증, 실명"(28절), "염병"(59절), "애굽의 모든 질병"(60절), "이 율법책에 기록되지 않은 모든 병과 염병"(61절). 이에는 암, 독감, 볼거리, 홍역 및 기타 모든 현대의 질병이 포함된다. 만일 그리스도께서 우리를 율법의 저주에서 구속하셨고, 그 저주에 병이 포함되어 있다면, 그분께서는 분명히 우리를 병으로부터 구속하신 것이다.

구속은 갈보리와 동의어

구속은 갈보리와 동의어이다. 그러므로 우리는 오직 그분의 속죄를 통해서만 모든 저주, 곧 몸과 혼과 영이 구속을 받는다. 그런데 질병은 저주의 일부분이므로, 하나님께서 먼저 우리를 저주로부터 구속하지 않으시고, 어떻게 병자를 치유하여 저주의 이 부분을 공정하게 제거하실 수 있겠는가? 다시 말하면, "그리스도께서 율법의 저주로부터 우리를 구속하셨"(갈 3:13)으므로, 사도 바울이 말한 것처럼 "너희는 율법 아래 있지 않고 은혜 아래"(롬 6:14) 있는데. 어찌 하나님께서 우리를 의롭다하시면서, 동시에 우리로 하여금 율법의 저주 아래 남아 있으라고 요구하실 수 있겠는가? 간단히 말해서, 율법 아래 있지 않은 사람이 왜 율법의 저주 아래 있어야 하는가? 그렇게 하는 것은, 무죄가 입증되고, 법정에서 살인죄가 면책된 후에, 그 사람을 평생 감옥에 집어넣는 것과 마찬가지이다.

바울은 로마서 3장 25-26절에서 "하나님께서 '그리스도'를 그의 보혈을 통한 화목 제물로 내놓으셨으니… 이는 그분이 공정하시면서 예수 믿는 자를 의롭다하시는 분이 되기 위한 것이다."라고 주장했다. 달리 말하면, 대속이 없다면 하나님은 죄인을 의롭다하심에 있어서 불공정하실 것이다. 마찬가지로, 먼저 병에서 구속하지 않으시고 병자를 치유하시는 것은 불공정할 것이다. 하나님께서 누군가를 치유하신 적이 있다는 사실은 나에게 대속을 통해 치유가 베풀어졌다는 최고의 증거이다. 구속을 통해 모든 사람에게 치유가 제공되지 않았다면 어떻게 전체 무리 모두가 하나님께서 베푸시지 않은 치유를 그리스도로부터 받았다는 것인가? "예수께서 그들 모두를 고쳐주셨다"(마 12:15).

중요한 질문

만일 몸이 구속에 포함되지 않았다면 어떻게 부활이 있을 수 있는가? 어떻게 "썩을 것이 … 썩지 않는 것을 입고" "죽을 것이 … 죽지 않는 것을 입을"(고전 15:53) 수 있는가? 만일 우리가 병에서 구속되지 않았다면, 하늘에서 질병에 걸리지 않을 것인가, 속죄와 상관없이 부활하는 것이 가능할 것인가? 어떤 사람이 제대로 말하였다. "사람의 장래 운명이 영적이면서 육체적인 것이라면, 그의 구속도 '반드시' 영적이면서 육체적인 것이어야 한다."

왜 마지막 아담은 첫 아담이 우리에게 가져온 모든 것을 가져가지 말아야 하는가?

이제 복음의 몇 가지 평행성을 고찰해 보자:

속 사람	겉 사람
아담, 그의 타락으로 우리 영혼에 죄를 가져옴	아담, 그의 타락으로 우리 몸에 질병을 가져옴
아담, 그의 타락으로 우리 영혼에 죄를 가져옴	아담, 그의 타락으로 우리 몸에 질병을 가져옴
죄는 그래서 마귀의 일임	질병은 그래서 마귀의 일임. 예수님께서는 "돌아다니며 선을 행하시고, 마귀에게 짓눌린 모든 사람을 고쳐주셨다"(행 10:38).
예수님께서 나타나신 것은 영혼에서 "마귀의 일을 멸하려 하심이라" (요일 3:8)	예수님께서 나타나신 것은 몸에서 "마귀의 일을 멸하려 하심이라"(요일 3:8)
구속적 칭호 '여호와 치드케누'는 하나님께서 우리 영혼을 구속해 주심을 나타냄	구속적 칭호 '여호와 치드케누'는 하나님께서 우리 몸을 구속해 주심을 나타냄
갈보리에서 예수님께서 "우리의 죄를 짊어지셨다"(벧전 2:24)	갈보리에서 예수님께서 "우리의 병을 짊어지셨다"(사 53:4)
예수님께서 "우리의 죄를 짊어지셨을"(벧전 2:24) 때, "우리를 위하여 죄가 있게"(고후 5:21) 만들어지셨다.	예수님께서 "우리의 병을 짊어지셨을"(마 8:17) 때, "우리를 위하여 저주를 받은 바"(갈 3:13) 되셨다.
"몸소 나무 위에서 그분의 몸으로 우리의 죄를 짊어지셨다."(벧전 2:24)	"그분이 채찍에 맞아 너희가 치유되었다"(벧전 2:24)

"그가 네 모든 죄악을 사하시며" (시 103:3)	"그가 네 모든 병을 고치시며" (시 103:3)
영혼은 값을 치르고 산 것이다. "너희는 값을 치르고 산 것이니, 네 영혼으로 하나님께 영광 돌리라" (고전 6:20)	몸은 값을 치르고 산 것이다. "너희는 값을 치르고 산 것이니, 네 몸으로 하나님께 영광 돌리라"(고전 6:20)
죄 안에 남아 있는 것이 네 영혼으로 하나님께 영광 돌리는 길인가?	죄 안에 남아 있는 것이 네 몸으로 하나님께 영광 돌리는 길인가?
그분께서 "우리의 죄를 짊어지셨으니"(벧전 2:24) 그들이 그분께 나아올 때 하나님의 뜻으로 구원받을 사람은 몇이나 될까? "믿는 자는 누구나" (요 3:16)	그분께서 "우리의 병을 짊어지셨으니"(벧전 2:24) 사람들이 그분께 나아올 때 하나님의 뜻으로 치유받을 사람은 몇이나 될까? "그들 모두 다"(마 12:15)
"하나님께서 '우리를 위해, 죄를 알지 못하는 그분을 죄가 있게 만드신 것'(고후 5:21) 처럼,	… 하나님께서는 우리를 위해, 병을 알지 못하는 그분을 병이 있게 만드셨다." -A.J.고든 목사
"우리의 대속자께서 우리 죄를 짊어지셨으니, 그분께서 우리가 그것을 짊어지지 않게 하려고 하신 것 아닌가?" -A.J.고든 목사	"우리의 대속자께서 우리 병을 짊어지셨으니, 그분께서 우리가 그것을 짊어지지 않게 하려고 하신 것 아닌가?" -A.J.고든 목사
"그리스도께서 우리를 죄로부터 구원받게 하시려고 우리 죄를 짊어지셨다. (함께 고통받는) 연민이 아니라, (대신 고통받는) 대체이다." -A.J.고든 목사	"그리스도께서 우리를 병으로부터 구원받게 하시려고 우리 병을 짊어지셨다. (함께 고통받는) 연민이 아니라, (대신 고통받는) 대체이다." -A.J.고든 목사

"만일 예수님께서 '나무 위에서 그분의 몸으로 우리 죄를 짊어지셨다는'(벧전 2:24) 사실이 하나님께서 이제 우리 죄를 사하여 주신 것으로 우리 모두 믿어야 하는 정당한 근거라면,	… 그분께서 '우리 병을 짊어지셨다는'(마 8:17) 사실이 마찬가지로 하나님께서 이제 우리 몸의 병을 치유해 주신 것으로 우리 모두 믿어야 하는 정당한 근거가 왜 아니겠는가? - 작가 미상
구원에 대한 믿음은 그분께서 "우리 죄를 짊어지셨다."(벧전 2:24)라는 복음을 "들음에서 온다."(롬 10:17)	치유에 대한 믿음은 그분께서 "우리 병을 짊어지셨다."(마 8:17)라는 복음을 "들음에서 온다."(롬 10:17)
그러므로 "모든 피조물에게 (그분께서 우리 죄를 짊어지셨다는) 복음을 전하라" (막 16:15)	… 그리고 "모든 피조물에게 (그분께서 우리 병을 짊어지셨다는) 복음을 전하라" (막 16:15)
영혼이 "구원을 받을 것이다"라는 그리스도의 약속이 대위임령 안에 있다. (막 16:16)	몸이 "나을 것이다"라는 그리스도의 약속이 대위임령 안에 있다. (막 16:18)
세례 의식과 관련하여 성경은 "믿고 세례를 받는 사람은 구원을 얻을 것"(막 16:16)이라고 가르치고 있다.	기름 붓는 의식과 관련하여 성경은 "믿고 기름 부음을 받은 사람은 치유될 것"(약 5:14-15)이라고 가르치고 있다.
우리는 그리스도의 이름으로 세례를 베풀라는 명령을 받았다.	우리는 "주의 이름으로"(약 5:14) 기름을 바르라는 명령을 받았다.

주의 만찬에서 포도주는 우리 '영혼'을 위한 예수님의 죽으심을 기념하여 마시는 것이다.(고전 11:25)	주의 만찬에서 빵은 우리 '몸'을 위한 예수님의 죽으심을 기념하여 먹는 것이다.(고전 11:23-24)
죄인은 복음을 믿고 "의에 이르기"(롬 10:10) 전에 회개해야 한다.	야고보서 5:16은 "너희 잘못(죄)을 서로 고백하면 … 너희가 나을 것이다."라고 말한다.
물 세례는 완전한 항복과 순종을 상징한다.	기름을 바르는 것은 헌신의 상징이며 표시이다.
죄인은 구원의 기쁨을 느낄 수 있기 전에 하나님의 약속을 진실인 것으로 받아들여야 한다.	아픈 사람은 나은 것을 느낄 수 있기 전에 하나님의 약속을 진실인 것으로 받아들여야 한다.
"그분을 영접하는 자는 모두 … 하나님에게서… 난 자이다."(요 1:12-13)	"그분에게 손을 댄 사람은 모두 병이 나았다"(막 6:56)

치유의 간증

나는 이제 환자들이 '대속 안의 치유'라는 주제의 설교를 듣는 동안 병과 고통이 치유된 수백 건의 사례 중 하나를 인용하겠다. 그들의 치유는 기름부음의 기회를 갖기 전에 그들 자신의 믿음을 통해 이루어졌다.

오하이오주 리마에 사는 클라라 루퍼트 부인은 겨우 여덟 살

짜리 아이일 때 아주 심한 백일해를 앓아 한쪽 눈의 근육이 파열되어 실명 상태가 되었고, 그 후로 내내 감각이 없어져 손가락으로 맨 눈알을 통증 없이 문지를 수 있었다. 그녀는 바람이 많이 부는 날에 먼지가 눈에 들어와도 아무런 통증이 없었다고 말했다.

오하이오 리마에서의 부흥회 때 대속에 관한 설교를 들으면서, 그녀는 마음속으로 말했다. "만일 성경에서 말씀하는 것이 진실이라면, 몇 년 전 감리교회 제단으로 나가 구원을 받았을 때, 구원을 확신했듯이, 오늘 밤 제단에 갈 때 내 실명된 눈이 시력을 찾을 것이라고 틀림없이 확신한다." 그래서 이런 논리적 추론을 가지고, 그녀는 제단으로 나왔고, 우리가 다른 사람들과 기도하고 있는 동안 그녀는 하나님께 자신을 고쳐 달라고 요청했다. 우리가 그녀에게 기름을 부을 때가 되기 전에, 그녀는 일어나서 울고 있었다. 그리고 그녀는 되돌아 걸어가 아버지의 목을 껴안았다. 청중들은 왜 그녀가 기름부음을 받지 않고 제단을 떠났는지 의아해했다. 그녀의 아버지가 "무슨 일이냐, 딸아?"라고 물었다. 그러자 그녀는 "내 눈이요!"라고 대답했다. 아버지는 "왜 고통스러우냐?"라고 물었다. 그녀는 "아니요, 내가 완전히 볼 수 있어요!"라고 말했다.

몇 달 후 미네소타주 세인트폴에서 부흥회를 열고 있는 동안 우리는 그곳에서 성경학교에 다니면서 주님을 위한 일을 준비하고 있는 이 여인과 그녀의 남편을 만났다.

그녀의 남편은 아내를 그토록 은혜롭게 치유하신 그리스도의 복음을 전하고 싶어 했다.

우리 부흥회에서는 복음을 들으며 자리에 앉아 있는 중에 치유 받은 사람들의 간증이 거의 매일 있었다.

저명한 성경 설교자들은 무엇이라고 하는가?

'대속 안의 치유'에 대한 이러한 견해는 새로운 것이 아니며, 내게만 있는 독특한 것도 아니다. 교회의 최고로 경건하고 유능한 많은 설교자들이 이를 알고 가르쳤다. 이미 인용한 설교자들에 더하여 토레이(R. A. Torrey) 박사와 몇몇 다른 사람들의 말을 덧붙이겠다.

토레이 박사는 신유(神癒)[11]에 대해 논의한 그의 책에서 다음과 같이 선언했다.

"예수 그리스도의 속죄하는 죽음은 우리에게 육체적인 치유뿐 아니

---

11 신유(Divine Healing): 하나님의 능력으로 병을 고치는 일

라, 부활과 우리 몸을 온전케 하고 영광스럽게 하도록 보장해 주었다. … 그리스도의 복음은 영혼분만 아니라 몸도 구원한다. … 사람이 현세에서 영적 구원의 첫 열매를 얻듯이 우리는 현세에서 육체적 구원의 첫 열매도 얻는다. 그러므로 … 장로든 아니든 믿는 자는 하나님께서 들으시고 치료해 주실 것이라고 기대하며, 병이 든 "서로를 위해 기도"(약 5:16)할 특권과 임무가 있다."

전 장로교 총회 의장이었던 스탠턴(R. E. Stanton) 박사는 그의 '복음의 평행성'에서 다음과 같이 말했다.

"그리스도의 속죄가 죄로부터의 구원과 병으로부터의 구원을 위한 토대를 똑같이 마련한다는 것을 보여주는 것이 나의 목표이다. 두 가지 모두에 대해 완전한 베푸심이 있었으므로, 규정된 조건 하에서 믿음을 실천할 때, 우리는 영혼이 죄에서 구원받는 것과 마찬가지로 몸이 병에서 구원받을 수 있다는 것을 믿을 동일한 근거를 갖게 된다. 요컨대, 구원의 두 부분은 동일한 기반 위에 서 있으며, 복음이 인간에게 베푸는 것의 진의(眞意)에 두 가지 모두를 포함하는 것이 필요하다는 것이다. 그리스도의 속죄하는 희생이 인간의 육체적인 요구와 영적인 요구를 모두 충족시켜 준다.… 그러므로 몸의 치유는 몇몇 사람들이 말하듯이 '부차적인 문제'가 아니다. 이는 영혼의 치유가 '부차적인 문제'가 아닌 것과 같다. 둘 다 동일한 위대한 대속에 똑같이 기반을 둔 동일한 복음의 일부일 뿐이다."

성공회, 하나님의 치유에 대하여

수년 동안 치유 사역을 실천해 왔으며, 위원회의 위원장이었던 리스(Reese) 주교의 후원으로, 성공회가 선임한 '영적 치유 위원회'의 보고서에는 다음과 같은 내용이 나와 있다.

"몸의 치유는 복음의 필수적인 요소이며, 반드시 전파되고 실천되어야 한다. … 하나님께서는 우리가 건강하기를 바라시며, "그리스도의 몸"인 교회가 "그 머리"와 동일한 임무와 능력을 갖기를 원하신다. 우리 성공회 신도들은 이제 사랑의 창조주이신 하나님의 이러한 진의(眞意)를 가지고, 죄지으며 고통받는 세상에 죄와 그 불가피한 결과로부터 구원하는 이 온전한 복음을 전해주어야 한다."

이는 이 학술 위원회가 3년간의 연구와 조사 끝에 도달한 결론이었다.

프랑스 내 모든 군목의 수장으로서 해외에서 우리 군대의 종교 생활을 이끌었던 성공회 브렌트(Charles H. Brent) 주교는 다음과 같이 단언하였다.

"그리스도의 치유의 능력이 신약시대에만 해당한다고 일축하는 사람은 온전한 복음을 전하는 것이 아니다. 하나님께서는 옛날이나 지금이나 영혼은 물론 몸의 구원자이시다."

힉슨(James Moore Hickson)은 이렇게 주장했다.

"살아 있는 교회는, 그 안에 살아 계신 그리스도께서 살고 행하시
며, 육신으로 계실 때에 하셨던 것을 지체들을 통해 하시는 교회이
다. 그러므로 영혼을 구원하는 교회임은 물론 '치유하는' 교회여야
한다. … 영적인 치유는 성례전(聖禮典)[12]이다. 그것은 그분 자신의
성육신(成肉身)하신 삶이 그분의 신비한 몸의 지체들을 통해 확장
되는 것이다."

고인이 된 저술가들인 심슨(A. B. Simpson) 박사, 머레이
(Andrew Murray), 피어슨(A. T. Pierson), 고든(A.J. Gor-
don) 박사, 그리고 우리가 인용할 수 있는 많은 현존 저술가들
은 대속 안의 치유를 가르치는 사람들이었다. 한 저술가는 이
렇게 말했다.

"예수님께서는 갈보리 십자가 위에서 '그를 건져 구덩이(음부)에 내
려가지 않게 하라, 내가 대속물을 얻었느니라'(욥 33:24)라는 선언
을 못박으셨다."

---

12 성례전은 신앙 공동체 내에서 성경의 가르침에 따라 행해지는 특별한 예식을
말한다. 주로 세례와 성찬의 성례전이 있다. 세례는 신앙생활의 시작을 의미하
며, 물로 씻음으로써 죄를 씻고 새로운 신앙생활을 시작하는 의식을 말한다. 성
찬은 예수 그리스도의 최후의 만찬을 기념하는 의식으로, 빵과 포도주를 나누
어 먹으며 예수님의 희생을 기리는 예식이다. 둘 다 눈에 보이지 않는 하나님의
은혜를 눈에 보이게 전달한다.

이사야는 "우리가 전한 것을 누가 믿었는가? 그리고 여호와의 팔이 누구에게 나타났는가?"(사 53:1) 라는 질문으로 구속장을 시작한다. 그리고 그 기록에 이어 "그분께서 우리의 죄와 병을 짊어지셨다"(4-5절)라고 한다. 그 질문에 대한 대답은 전한 것을 들은 사람들만 그것을 믿을 수 있다는 것이다. 왜냐하면 "믿음은 들음에서 오기"(롬 10:17) 때문이다. 예수님께서는 구원하시고 치유하시기 위해 죽으셨으므로, 그것은 분명히 전할 가치가 있다.

이 장의 목적은 치유가 대속을 통해 베풀어지며, 따라서 그리스도께서 전파하라고 명령하신 복음의 일부임을 입증하는 것이다.

- "온 천하"에 (막 16:15)
- "모든 민족"에게 (마 28:19)
- "모든 피조물"에게 (막 16:15)
- "모든 권세"를 가지고 (막 28:18)
- "항상[언제나], [현재] 세상 [시대] 끝까지도" 내내 (마 28:20)

제2장

치유는 모두를 위한 것인가

옛날처럼 치유가 필요한 모든 사람을 고쳐 주고(눅 9:11), 그들의 날 수를 채워주는 것(출 23:26)이 여전히 하나님의 뜻인가? 오늘날 몸의 치유를 구하는 많은 사람의 믿음을 가로막는 가장 큰 장애물은 마음속으로 '모든 사람'을 치유하는 것이 하나님의 뜻인지에 대한 확신이 없는 것이다. 하나님께서 몇몇 사람을 고치신다는 것은 거의 모두가 알고 있지만, 성경은 분명히 모든 사람에게 치유가 베풀어진다고 가르치고 있다는 것을 사람들이 알지 못하게 하는 점이 현대 신학에는 많이 있다. 하나님께서 주신다고 확신하지 않는 복을 믿음으로 담대하게 주장하는 것은 불가능하다. 왜냐하면 하나님의 능력은 하나님의 뜻을 아는 경우에만 주장할 수 있기 때문이다.

그를 구원하는 것이 하나님의 뜻이라는 것을 완전히 확신하기 전에는 죄인을 "(믿어) 의에 이르게"(롬 10:10) 하는 것이 거의 불가능할 것이다.

믿음은 하나님의 뜻을 아는 데서 시작된다. 치유가 필요한 사람 가운데 일부만 치유하는 것이 하나님의 뜻이라면, 자신이 은혜받는 자 가운데 속한다는 특별한 계시를 받지 않는 한, 그 누구도 믿음의 근거를 갖지 못한다. 믿음은 우리의 욕망이나 소원이 아니라, 오직 하나님의 뜻에 의지하여야 한다. 합당한 믿음은 하나님이 '하실 수 있다'가 아니라, 하나님이 '원하신다'라는 것을 믿는 것이다. 그것이 모든 사람을 위한 구속의 특권이라는 것을 알지 못하기 때문에, 오늘날 사람들이 대부분 치유를 간구할 때, '만일 하나님의 뜻이라면'이라는 말을 덧붙이는 것이다.

바로잡은 신학[1]

성경을 읽어 보면, 그분이 세상에서 사역을 하시는 중에 그리스도의 치유를 구한 모든 사람 가운데 이런 종류의 *신학(하나님에 대한 인식-역주)을 가진 단 한 사람이 있다. 그는 "주여, 만일 주께서 원하시면, 저를 깨끗하게 하실 수 있나이다"(마 8:2)라고 말한 나병환자였다. 그리스도께서 가장 먼저 하신 일은 "내가 원하노니, 깨끗해져라!"(마 8:3)라는 말씀으로 그의 '신학'을 바로잡으신 것이었다. 그리스도의 '내가 원하노니'라

---

1   신학(Theology): 하나님에 관해 연구하는 학문으로, 오리게네스(Origenes)가
     '하나님에 대한 인식'이라는 의미로 처음 사용하였다.

는 말씀은 그의 '만일'을 삭제하였고, 그리스도께서 그를 치유 '하실 수 있다'라는 그 사람의 믿음에, 그분이 '원하시면'이라는 믿음을 더해 주셨다.

그리스도께서 깨우쳐주시기 전에 가지고 있던 이 나병환자의 '신학'은 오늘날 거의 보편적이다. 왜냐하면 복음의 이 부분은 매우 드물게, 매우 단편적으로 전해지기 때문이다.

거의 모든 관점에서 성경 전체를 두루 살펴볼 때, 치유를 필요로 하는 모든 사람을 치유하시며, 그분의 약속대로 그들의 날수를 채워주시는 것(출 23:26)이 하나님의 뜻이라는 것보다 더 명확하게 가르쳐주신 교리가 없다는 것을 알 수 있다. 물론, 우리가 말하는 '모든 사람'은 올바르게 가르침을 받고 말씀에 규정된 조건을 충족하는 사람들을 의미한다. 그러면 누군가가 말할 것이다. "만일 모든 사람을 치유하신다면, 우리는 결코 죽지 않겠군요." 왜 그게 아닌가? 하나님의 치유는 하나님의 약속 그 이상은 아니다. 그분께서는 우리가 육체적으로 결코 죽지 않을 것이라고 약속하신 것이 아니라, 이렇게 말씀하셨다. "내가 너희 가운데서 병을 제하여 버리리라 … 내가 너희 날 수를 채우리라"(25-26절). 다음 본문을 참작하라.

"우리의 연수가 칠십이요, 강건하면 팔십이라"(시 90:10).
"나의 중년에 나를 데려가지 마옵소서"(시 102:24).

"어찌하여 기한 전에 죽으려고 하느냐?"(전 7:17).

그러면 누군가가 물을 것이다. "그런데, 사람이 어떻게 죽게 되나요?"

"주께서 그들의 호흡을 거두신즉, 그들은 죽어 먼지로 돌아간 다"(시 104:29).

더피(P. Gavin Duffy) 목사는 이 점에 대해 다음과 같이 썼다.

"하나님께서는 사람에게 일정한 수명을 정해주셨으며, 그분의 뜻은 그 수명대로 다 사는 것이다. 그분께서 죽은 자로부터 다시 부르신 자들은 모두 수명대로 다 살지 못한 '젊은 사람들'이었다는 것을 기억하기 바라며, 바로 그 사실을 통해 그분께서는 때 이른 죽음을 반대하신다는 것을 잘 알 수 있다. … 물론 우리는 노인이 되어서도 육체적으로 젊을 것을 기대해서는 안 되지만, 수명이 다 되지 않았다면, 하나님께 건강의 은사를 요청할 권리가 있다. 그리고 비록 수명이 끝났더라도 우리가 이곳에 더 오래 머무는 것이 그분의 뜻이라면, 우리가 건강하게 더 머무는 것도 마찬가지로 그분의 뜻이다."

"죽음이 찾아오면, 우리는 하나님을 탓하며, 힘없이 "당신의 뜻이 이루어지이다"라고 말한다. 그러나 하나님은 그 누구도 뗏장 밑에 가둬두지 않으셨다. 하나님은 질병이나 범죄, 부주의나 싸움꾼들을 보내지 않으신다. 우리가 수명이 다하기 전에 죽는다면, 그것은 인간의 잘못이다. 그분은 생명의 하나님이지, 죽음의 하나님이 아니시다. 그분은 우리를 낳아주신 유일한 하나님이시다. 그분은 땅 위의 어떤 생명이든 조금도 단축하지 않으셨다. 그분은 우리가 수명을 다 채워 세상에 살기를 바라신다. 하나님을 탓하지 말라 – 우리 자신의 죄가 우리 눈물을 흘리게 하는 것이니…"

– 더글러스 멀록(Douglas Malloch)

유언장을 읽어 보고 알라

만일 유언장에 무엇이 씌어 있는지 알고 싶으면 유언장을 읽어 보자. 만일 어떤 문제에 대해 하나님의 뜻을 알고 싶다면, 그분의 뜻을 읽어 보자. 어떤 부인이 이렇게 말했다고 가정하자. "큰 부자였던 남편이 돌아가셨어요. 그런데, 그가 유언으로 내게 남겨놓은 것이 있는지 알고 싶어요." 나는 그녀에게 "유언장을 읽어 보지 그래요?"라고 말할 것이다. '성경(Testament)'이라는 말은 법적으로 말해서, 어떤 사람의 유언을 의미한다. 성경은 하나님의 유언으로 그분께서 우리에게 남겨주신 온갖 구속의 복을 담고 있다. 그리고 그것이 그분의 유언장이기 때문에, 그 후의 것은 무엇이든 위조된 것이다. 사람은 죽은 후에 결코 새 유언장을 쓰지 않는다. 만일 치유가 우리를 위한 하나님의 뜻 안에 있다면, 기적의 시대가 지나갔다고 말하는 것은, 유언자가 죽은 후에는 유언이 아무 소용이 없다는 말로, 사실상 진실에 반하는 말을 하고 있는 것이다. 예수님은 죽으신 유언자일 뿐만 아니라, 부활하셨고, 또한 유언의 중재자이기도 하시다(히 8:6). 말하자면, 그분은 우리의 변호사이시며, 일부 세속적인 변호사들이 하듯이 우리를 속여 유언장을 빼앗지는 않으실 것이다. 그분은 '하나님 우편'에 계신 우리의 대리인이시다(막 16:19).

이 질문에 대한 답을 얻으려면 현대의 전통에서 벗어나 하나님의 뜻이 계시된 하나님의 말씀으로 시선을 돌려보자.

출애굽기 15장에 있는, 우리의 구원을 예표하고 "우리를 깨우치기 위하여 기록된"(고전 10:11) 홍해를 건너는 내용의 구절 바로 다음에서 하나님은 치유에 관한 첫 약속을 주셨다(출 15:26). 이 약속은 모든 사람을 위한 것이었다. 하나님은 조건들을 지정하셨고, 그 조건들이 충족되었다. 시편 105편 37절에는 "하나님께서 그들을 인도하여 은, 금을 가지고 나오게 하시니, 그들의 지파들 가운데 허약한 자가 하나도 없었다"라고 되어 있다. 하나님께서 치유의 언약을 주셨고, 그분의 첫 언약이자 구속적 칭호인 여호와-라파, 번역하면 "나는 너희를 치료하는 여호와이다"(출 15:26)로 계시되고, 보증되었다. 이것은 "하늘에 굳게 선"(시 119:89) 하나님의 말씀이며, 하나님에 관한 결코 변하지 않는 사실이다.

누가 하나님의 뜻을 바꿀 권한을 받았는가?

이 건강의 특권이 오늘날의 하나님의 백성을 위한 것이 아니라고 말하는 것은, "나는 여호와 라파이다."라는 하나님의 말씀을 "나는 여호와 라파였다."로 바꾸는 것이다. 하나님의 구속적 칭호를 바꿀 권한을 누가 가지고 있는가? 치유자로서의 임무를 버리기는 커녕, 나머지 여섯 칭호는 물론 이 첫 번째 언약 칭호 아래 "예수 그리스도는 어제나 오늘이나 영원토록 동일하시다."(히 13:8) 우리가 앞 장에서 보았듯이, 그분의 구속적 칭호로 계시된 복들은 그분이 "모든 사람을 위하여 죽음을 맛보셨을 때"(히 2:9) 속죄를 통해 주어졌으므로, 이스라엘에 국한될 수가 없다. 출애굽기 15장은 적어도 3,500년 전 시대의 세상에서 하나님이 '모든 사람'을 기꺼이 고치려 하신 것에 대해 백성들이 의심하도록 내버려 두지 않으셨다는 것을 보여준다.

허약한 사람이 하나도 없는 민족

이스라엘 민족의 이러한 보편적인 건강 상태는 하나님의 조건이 충족되는 한 계속되었다. 그러다가 20년 후에는 죄로 인한 전염병으로 14,700명이 멸망했다. 그들이 다시 조건을 충족했을 때, 전염병은 그쳤고, 그분은 여전히 일부가 아닌, 모든 사람의 치유자 여호와 라파였다(민 16:46-50 참조). 그들 중 한 사람에게라도 전염병이 남아 있었다면 그 전염병이 그쳤다는 것은 사실이 아닐 것이다. 이 건강 상태는 19년이 지나 사랑과 자비로 선택받은 백성이 하나님의 방식에 만족하지 않고 하나님과 모세의 말씀을 어겨 불 뱀의 저주를 받으면서 다시 중단되었다(민 21:4-9 참조). 그들이 죄를 고백함으로써 다시 하나님의 조건을 충족했을 때(7절), 하나님은 모세를 통해 그들에게 말씀하셨다. "그것(놋 뱀—갈보리의 예표)을 보면, 물린 자가 모두 살 것이다"(8절). 그렇게 이번에도 성경은 일부가 아닌 모두를 고치는 것이 여전히 하나님의 뜻임을 보여준다. 물린 사람은 '모두가' 놋 뱀을 바라보고 살아났다. 이것은 우리를 위하여 갈보리에서 희생하실 그리스도를 상징적으로 예표한 것이다.

시편 기자 다윗은 그 시대에 치유가 보편적인 특권임을 알고 있었다. 시편 86편에서 그는 이렇게 말했다. "주여, 주께서는 선하시니, … 주께 부르짖는 자 모두에게 자비가 풍성하시나이다"(5절). 다음 장에서 우리는 치유가 성경 전체에 걸쳐 가장 두드러진 자비 중 하나였으며, 신약에서 병자들이 그리스도께 치유를 구할 때 '자비'를 구했다는 사실을 보게 될 것이다. 왜냐하면 하나님의 자비는 인간의 영적인 특성은 물론 육체적인 특성에도 미치기 때문이다. 그러므로 예수님은 구약의 약속대로 그분께 나아온 사람 일부가 아니라, 모두를 치유해 주심으로써 "자비가 풍성하신" 분임을 보여주셨다(마 8:16; 9:35; 12:15; 막 6:56; 눅 4:40; 6:19; 9:11 참조).

또한 시편 103편에서, 우리는 다윗이 치유의 자비가 용서의 자비만큼 보편적인 특권이라고 믿었음을 알 수 있다. 그는 자신의 영혼을 불러 하나님을 찬양했다. "그분이 네 모든 죄악을 용서하시며; 네 모든 질병을 고치시며"(3절). '모든 사람을 고치시는 분'은 '모든 사람을 용서하시는 분'과 마찬가지로 영구 불변이다. 왜냐하면 두 자비와 관련하여 동일한 언어가 사용되기 때문이다.

시편 91편에서 하나님은 "지존자의 은밀한 곳에 거하는 자"(1절)에 관하여 "내가 장수하게 함으로 그를 만족하게 하리로다"(16절)라고 말씀하신다. '은밀한 곳'²에 거하는 특권은 소수에게만 있는가, 아니면 모두에게 있는가? 만일 그것이 모든 사람에게 있는 것이라면, 모든 사람에 대한 하나님의 약속은 "내가 장수하게 함으로 그를 만족하게 하리로다"라는 것이다. 하나님께서 중년의 순종하는 자녀들을 고쳐주지 않으시려면 이 약속을 깨셔야 했을 것이다. 만일 세상이 더 어두웠던 시대에도 은밀한 곳에 거하는 것이 가능했다면, 그분의 자녀마다

---

2   하나님의 임재와 보호 아래 있는 상태를 가리키며, 신앙인에게는 안전하고 평화로운 피난처

"하나님께서 온갖 은혜를 넘치게 하실 수 있는"(고후 9:8) 이 더 좋은 은혜의 시대에는 그것이 가능한 것이 확실하다. 구약의 거룩한 선지자들은 "(우리)에게 임할 은혜를 예언하였다"(벧전 1:10).

갈보리는 모든 사람의 병을 치유한다

우리는 위대한 구속장인 이사야 53장에서, 예수님은 '우리의' 죄는 물론, '우리의' 병도 짊어지셨고, 한 특권을 나머지 다른 특권들처럼 보편적으로 베푸셨음을 보았다. 예수님이 복을 받기 위해 그분께 나아온 사람들에게 하신 것은 '그들'을 위한 일이었지만, 갈보리에서 하신 것은 '모든 사람'을 위한 일이었다.

구약성경에서 인용된 이들 모든 사례에서, 조건에 부응하는 모든 사람을 치유하는 것이 하나님의 뜻이었다는 것은 분명하다. 용서가 베풀어질 때마다 치유도 베풀어졌다. 치유 문제에 있어서 하나님의 뜻이 오늘날은 같지 않다고 가르치는 사람들에게 "왜 하나님께서는 이 더 좋은 경륜의 시대에 이 구약의 자비를 거두시려는 것인가?"라는 질문에 응답하게 하라. 우리를 위해 더 좋은 것을 간직하신 분(벧전 1:4 참조), 어제나 오늘이나 영원토록 동일하신 분(히 13:8)께서 이 더 좋은 경륜의 시대 내내 이와 같은 자비를 계속 베푸실 것이라고 기대되지 않는가? 이제 신약성경을 살펴보자.

그리스도는 하나님의 뜻의 표현이다

우리에게 제기된 질문에 대한 올바른 답을 알아내는 데는 그리스도의 가르침과 사역이 기록된 복음서를 읽는 것보다 더 좋은 방법은 없다. 그분은 아버지의 뜻을 표현하시는 분이셨다. 그분의 삶은 하나님의 변함없는 사랑과 뜻을 보여주고 나타내는 것이었다. 그분께서는 아담의 자손을 위한 하나님의 뜻을 실제 행동으로 보여주셨다. 그분은 "내가 하늘에서 내려온 것은 내 뜻을 행하려 함이 아니요, 나를 보내신 이의 뜻을 행하려 함이니라"(요 6:38), "아버지께서 내 안에 계셔서 그분의 일을 하시는 것이라"(요 14:10)라고 하셨다. 그분은 또한 "나를 본 자는 아버지를 보았느니라"(9절)라고 하셨다. 그러므로 그분께서 날마다 모여든 무리를 치유하셨을 때, 우리는 아버지께서 그분의 뜻을 보여주시는 것을 본다. 그분께서 "모든 사람에게 손을 얹어 그들을 치료"(눅 4:40) 하실 때, 그분은 '우리' 몸을 향한 하나님의 뜻을 행하시고 보여주고 계셨다.

아마도 성공회의 학자들은 그 누구보다도 보수적일 텐데, 영적 치유 문제를 연구하여 교회에 보고하도록 임명된 위원회는 3년간 성경과 역사를 연구 조사한 후 보고서에서 다음과 같이 말했다. "예수님의 병자 치유는 사람을 위한 하나님의 뜻을 보여주시려고 행하신 것이다." 위원회의 위원들은 그분의 뜻이 완전히 밝혀진 것을 알았기 때문에, 보고서에 "교회는 더 이상 병자들을 위해 기도하면서 '만약 당신의 뜻이라면'이라는 '믿음을 파괴하는' 제한적인 관용구를 사용해서는 안 된다."라고 덧붙였다.

복음서 곳곳에서 가르치는 하나하나의 메시지는 그분께 나아오는 '모든 사람'의 영혼과 몸의 완전한 치유이다. 오늘날 많은 사람이 "나는 치유는 믿지만, 그것이 모든 사람을 위한 것이라고는 믿지 않는다."라고 말한다. 만일 그렇지 않다면, 우리가 올바른 사람을 위해 기도하고 있다는 성령의 계시를 받을 때까지 어떤 사람을 위해, 심지어 하나님께서 치유해 주실 뜻을 가진 사람을 위해 어떻게 믿음의 기도를 할 수 있겠는가? 모든 사람을 치유하는 것이 하나님의 뜻이 아니라면, 누구도 성경에서 자신을 향한 하나님의 뜻을 확인할 수가 없다. '성경에서 하나님의 뜻을 확인할 수 없으니, 병자를 위해 기도하기 전에 성경을 덮고, 성령으로부터 직접 계시를 받아야 한다.'라고 가르치는 이런 사람들의 말을 이해해야 하는가?

이는 사실상 치유와 같은 모든 신성한 활동은 성경이 아닌 성령의 직접적인 계시에 의해 결정되어야 한다고 가르치는 것이 될 것이다. 병자들에게 믿음의 근거로 선포할 치유의 복음(좋은 소식)이 없다면 어떻게 병자들이 고침을 받겠는가? 또 믿음은 하나님께서 그분의 약속을 지키실 것으로 기대하는 것인데, 병든 사람이 자신에게 적용할 수 있는 약속이 성경에 없다면 어떻게 치유에 대한 믿음이 있을 수 있겠는가? 성경은 하나님께서 병자를 어떻게 치유하시는지 알려준다. "그분이 그분의 말씀을 보내어 그들을 고치시며, 그들을 멸망(무덤)으로부터 건지시는도다"(시 107:20). "하나님의 말씀이… 믿는 자들 가운데서 역사하느니라"(살전 2:13). "온 육체의 건강"(잠 4:22)이 된다.

믿음은 단순한 능력 이상의 것에 의거한다

만일 한 백만장자가 천 명의 청중 앞에 나타나서, 자기가 한 사람에게 천 달러씩 줄 수 있는 '능력이 있다'라고 발표한다면, 이것은 누구에게도 천 달러에 대한 믿음을 가질 근거가 되지는 않을 것이다. 믿음이 능력에 의거할 수 없기 때문이다. 만일 그가 더 나아가 "여러분 중 50명에게 천 달러씩을 주겠소."라고 말한다 해도, 청중 가운데 누구도 천 달러에 대한 믿음을 가질 근거는 없다. 그들 중 남자든 여자든 한 사람에게 백만장자로부터 천 달러를 받을 것을 '완전히 확신하는지' 묻는다면, 그 대답은 "나는 돈이 필요하고, 내가 '운 좋은' 사람에 들기를 바라지만, 확신할 수는 없다"라고 할 것이다. 그러나 만일 그 백만장자가 "모든 사람에게 천 달러씩을 주는 것이 나의 뜻이다."라고 말한다면, 청중 가운데 모든 사람이 믿음의 근거를 갖게 될 것이며, 의심 없이 부자에게 말할 것이다. "고마워요! 내 돈을 가질게요."라고 말할 것이다.

그렇다면, 하나님이 "사람을 차별하는(편파성을 보이는)" 분 (행 10:34)이고, 치유가 필요한 사람 가운데 일부만을 치유하는 것이 그분의 뜻이었다고 가정하고, 병자의 친구들이 그분께 치유를 받도록 데려올 환자를 어떻게 결정했는지 복음서를 통해 한번 살펴보자. "해질녘에 모두가 온갖 질병을 가진 환자들을 예수님께 데려왔고, 예수님은 환자마다 손을 얹어 치료해 주셨다"(눅 4:40). 여기에 '운 나쁜' 사람이 있었더라도 데려왔는데, 그들도 모두 다른 사람들과 마찬가지로 치료를 받았다. 분명히 이것은 하나님께서 그분의 뜻을 행하시고 나타내신 것이었다.

만일 당신이 거기에 있었고 아팠다면, 당신을 데려왔을 것이며, 다른 사람들과 함께 치유되었을 것이다. 왜냐하면 '모든' 사람을 데려왔고, '모두' 치유되었기 때문이다. 마태는 이 사건을 기록하면서 예수님께서 왜 예외를 두지 않으셨는지를 다음과 같이 말했다. "예수님께서는 … 아픈 자들을 모두 치유해 주셨다. 이는 이사야 선지자가 '그분이 우리의 연약함을 친히 맡으시고, 우리의 병을 짊어지셨다.'라고 말한 것을 이루어지게 하시려는 것이었다"(마 8:16-17). '우리'라는 단어는 갈보리의 희생 안에 있는 모든 사람을 의미하므로 예언을 성취하려면 모든 사람의 치유가 필요하다. 이때뿐 아니라 그 이후로 오늘날까지 매번 그분께서는 "선지자 이사야를 통하여 '우리의 연약함을 친히 담당하시고, 우리의 병을 짊어지셨다'라고 말씀하신 것을 이루어지게 하시려고" 병자를 치료하고 계신다.

병자들이 복음서를 살펴보고, '모두'와 '누구나'에 주목하게 하면, 그들은 구속에 의한 치유의 복이 모두를 위한 것이라는 것을 알게 될 것이고, 아무도 결코 헛되이 예수님께 치유를 간구한 것이 아님을 알게 될 것이다. 예수님께서는 아무리 큰 무리라도 그 가운데 한 사람도 아픈 채 있거나 치료되지 않는 것을 원치 않으셨다.

예수님은 모든 것과 모든 사람을 치유하셨다

"예수께서 온 갈릴리에 두루 다니사, 그들의 회당에서 가르치시며, 천국 복음을 전파하시며, 백성 중의 모든 병과 모든 약한 것을 고치시니, 그의 소문이 온 수리아에 퍼진지라, 사람들이 모든 앓는 자, 곧 각종 병에 걸려서 고통당하는 자, 귀신 들린 자, 간질 하는 자, 중풍 병자들을 데려오니 그들('모두')을 고치시더라. 갈릴리와 데가볼리와 예루살렘과 유대와 요단강 건너편에서 수많은 무리가 따르니라"(마 4:23-25).

"예수께서 모든 도시와 마을에 두루 다니사, 그들의 회당에서 가르치시며, 천국 복음을 전파하시며, 모든 병과 모든 약한 것을 고치시니라. 무리를 보시고 불쌍히 여기시니, 이는 그들이 목자 없는 양과 같이 고생하며 기진함이라"(마 9:35-36).

"예수께서 그의 열두 제자를 부르사, 더러운 귀신을 쫓아내며, 모든 병과 모든 약한 것을 고치는 권능을 주시니라"(마 10:1).

복음을 전파하고 병을 치료하기 위해 그분의 추수에 새로운 일꾼들을 투입할 필요가 있게 만든 것은 치유를 위해 온 사람들 때문이었다는 점을 주목하라. 오래지 않아 70명이 더 필요해져서 복음 전파는 물론 병 치료를 위해 파송되었다. 예수님께서 치료를 받기 위해 자신에게 나아온 모든 사람을 고쳐주셨음을 보여주는 성경 구절을 몇 군데 더 살펴보자.

"예수님께서 아시고 거기를 떠나가시니, 많은 사람이 따르는지라. 예수께서 그들의 병을 다 고치시고"(마 12:15).

"예수께서 나오사 큰 무리를 보시고 불쌍히 여기사, 그중에 있는 병자를 고쳐주시니라"(마 14:14).

"그들이 건너가 게네사렛 땅에 이르니, 그곳 사람들이 예수이신 줄을 알고, 그 근방에 두루 통지하여, 모든 병든 자를 예수께 데리고 와서, 다만 예수의 옷자락에라도 손을 대게 하시기를 간구하니, 손을 대는 자는 다 나음을 얻으니라"(마 14:34-36).

"예수께서 그들과 함께 내려오사, 평지에 서시니, 그 제자의 많은 무리와 예수님의 말씀도 듣고 병 고침을 받으려고, 유대 사방과 예루살렘과 두로와 시돈의 해안으로부터 온 많은 백성도 있더라. 더러운 귀신에게 고난받는 자들도 고침을 받은지라. 온 무리가 예수를 만지려고 힘쓰니, 이는 능력이 예수께로부터 나와서 모든 사람을 낫게 함이러라"(눅 6:17-19).

복음서 전반에 걸쳐, 치유를 위해 병자를 그리스도께 데려오는 과정에서 '모든' 병자를 데리고 왔다고 반복적으로 언급하고 있는데, 하나님께서 치유하실 뜻이 없는 '운 나쁜' 사람들이 있었다 해도 이에 모두 포함하고 있음을 본다. 요즘 전하는 말대로, 만약에 병자들이 그분의 영광을 위해 참을성 있게 그대로 있는 것이 하나님의 뜻이라면, 치료를 위해 그리스도께로 데려온 이 모든 무리 중에 이런 사람이 한 명도 없었다는 것은 이상하지 않은가? 간질 병자를 고치심으로써(막 9:14-29), 예수님께서는 귀신을 쫓아내는 신성한 권한을 부여받은 제자들이 구해내지 못한 이런 사람조차도 치유하는 것이 아버지의 뜻임을 증명하셨다. 이 구절을 통해 우리는 제자들의 이 실패 때문에 하나님의 치유하시려는 의지에 의문을 품고, 그것을 가르치는 것은 잘못되었음을 알 수 있다. 예수님께서는 그를 치료하심으로써, 제자들이 치료에 실패한 것은 오직 불신 때문임을 보여 주셨다. 베드로는 3년 동안 주님과 계속 함께 지낸 후에 그분의 세상 사역을 이 짧은 한마디 말로 묘사하였다. "하나님이 나사렛 예수에게 성령과 능력을 기름 붓듯 하셨으매, 그가 두루 다니시며 선한 일을 행하시고, 마귀에게 눌린 모든 사람을 고치셨으니, 이는 하나님이 함께하셨음이라"(행 10:38).

제3장

그리스도의 지속적인 치유 사역

우리 시대의 많은 사람들은 그리스도께서 단지 그분의 능력을 보이고 그분 의 신성을 증명하기 위해 치유의 기적을 행하셨다고 배워 왔다. 이것이 사실일 수도 있지만, 결코 모두가 진실인 것은 아니다. 그분의 능력을 보여주기 위해서는 '모든' 사람을 치유하시지 않아도 되었을 것이다. 몇몇 뚜렷한 사건으로 이를 증명하셨을 것이니 말이다. 그보다는 그분이 긍휼 때문에, 그리고 예언을 성취하기 위해 병을 고치셨음을 성경은 보여준다. 다른 사람들은 그분이 자신을 알리려고 병자를 고치셨다고 가르치지만, 마태복음 12장 15-16절을 읽어 보면, "많은 사람이 따르는지라, 예수께서 그들의 병을 다 고치시고 자기를 나타내지 말라 경고하셨으니"라고 되어 있다.

어떤 사람들은 예수님께서 그분께 나아온 모든 사람을 고치셨다는 사실을 인정하면서도 우리 병을 그분이 감당하신다는 이사야의 예언은 단지 그분의 지상 사역을 언급한 것이며, 이렇게 그분이 긍휼을 모든 사람에게 나타내시는 것은 특별한 경우이지, 하나님의 변함없는 뜻을 계시한 것은 아니라고 고집한다. 그러나 성경은 그분이 승천하신 후에도 계속될 뿐 아니라 늘어나야 할 일을 단지 "행하고 가르치기 '시작하셨다'"(행 1:1)라고 분명히 가르친다.

그리스도께서는 3년 동안 그분에게 나아오는 모든 사람을 고치신 후에 "내가 떠나가는 것이 너희에게 합당하다(유익하다)"(요 16:7)라고 말씀하셨다. 그분이 떠나가심으로써, 고통받는 사람들에 대한 그분의 사역이 바뀐다면, 이것이 어찌 맞는 말씀일 수 있겠는가?

이 놀라운 약속을 못 믿을 일로 여길 것을 예측하시고, 그분은 승귀하신 후에도 우리의 기도에 대한 응답으로 동일하고 '더 큰 일'을 계속하시겠다는 약속을 하시면서 "진실로 진실로"라는 말로 시작하셨다.

"진실로, 진실로, 너희에게 이르노니, 나를 믿는 자는 내가 하는 일을 그도 할 것이요, 또한 그보다 더 큰 일도 하리니, 이는 내가 아버지께로 감이라. 너희가 내 이름으로 무엇을 구하든지 내가 행하리니, 이는 아버지로 하여금 아들로 말미암아 영광을 받으시게 하려 함이라"(요 14:12-13).

다시 말해서, 우리는 그분께 그 일들을 하게 해달라고 요청함으로써 그 일들을 해야 한다. 그분은 '작은 일'이라고 말씀하시지 않고, '일'과 '더 큰 일'이라고 하셨다.

내게는 그리스도의 입술에서 나온 이 약속이 신유(神癒)를 부정하는 모든 반대자와 그들의 모든 책과 글에 대한 완벽한 대답이다. "기록되었으되"는 그리스도께서 마귀에게 대항하실 때 사용하신 방책이었다(마 4:4 참조).

브라이언(William Jennings Bryan)이 제대로 물었다. "그리스도께서 '기록되었으되'라고 말씀하시니, 마귀도 '기록되었으되'라고 말했는데, 왜 전도자는 '기록되었으되'라고 말하지 못하는가?"

초대교회의 지혜

초대교회는 그리스도의 말씀을 받아들이고, "함께 모인 곳이 진동"할 때까지(행 4:31) 치유의 표적과 이적을 위해 합심하여 기도했다. 그러고는 "심지어 병든 사람을 메고 거리에 나가 침대와 요 위에 누이고 베드로가 지날 때에 혹 그의 그림자라도 누구에게 덮일까 바라고 예루살렘 부근의 수많은 사람들도 모여 병든 사람과 더러운 귀신에게 괴로움 받는 사람을 데리고 와서 다 나음을 얻으니라"(행 5:15-16).

복음서는 "예수님께서 행하시며 가르치시기를 시작하신 모든 일"을 기술하고 있다(행 1:1). 사도행전의 이 사건에서 예수님은 약속하신 대로 그분의 "몸인 교회"(골 1:18)를 통해 하나님 우편에서 사역을 계속하고 계셨다. 어떤 사람들은 "아, 그것은 단지 사도행전의 시작 부분에만 있었고, 그것은 그리스도의 부활에 관한 그들의 말이 사실임을 보여주려는 것이었다."라고 말한다.

그러면 사도행전의 마지막 장으로 넘어가서 30년 후 바울이 멜리데 섬에서 보블리오의 아버지를 고친 후에 어떻게 했는지 읽어 보자. "섬에 있는 모든 다른 병자들도 와서 치유를 받았다"(행 28:9, Weymouth). 그래서 우리는 신약성경에서 유일하게 미완성인 성령행전의 맨 마지막 장에서, 일부가 아니라 전부를 치유하는 것이 여전히 하나님의 뜻이었음을, 여기서도 다시 아는 것이다.

성령행전

그리스도께서 후계자요 집행자로 보내신 성령께서 그리스도의 몸인 교회를 장악하고, 성령강림절 이후 그리스도께서 전에 나타내셨던 것과 동일한 치유의 능력을 나타내시어 수많은 사람이 치유를 받았다. 사도행전은 물론 복음서에서도 누가 치유를 구했다가 거부당하는 것을 읽은 적이 없다. 사람들은 이 책을 "사도행전"이라고 명명했다. 이 책의 더 좋은 정확한 이름은 '성령행전'일 것이다. 왜냐하면 이 책은 사도들뿐 아니라, 다른 신자들을 통해서도 성령의 행적을 기록하고 있기 때문이다. 사도가 아니었던 빌립과 스데반도 베드로와 요한만큼 영광스럽게 쓰임 받았다. 성령께서는 그리스도의 구속으로 얻으시고, 7개 구속적 칭호로 보증하신, 온갖 복을 우리에게 집행하시기 위해 오셨다. 그분은 자신이 행하러 오신 사역에 대해 한번도 관심을 잃으신 적이 없다. 오늘날 그분이 어떻게 행하기를 원하시는지 알고 싶다면, 그분이 어떻게 행해 오셨는지를 읽어 보라. 사도행전 책은 그분이 얼마나 "항상(내내), 세상(시대) 끝 날까지도"(마 28:20) 행하기를 원하시는지를 우리에게 보여준다(마 28:20).

그리스도의 손으로 모든 치유의 기적을 행하신 분은 성령이셨다. 예수님은 자신의 기도 응답으로 기적을 행하시는 분인 성령께서 그분에게 임하시고 나서야 비로소 기적을 행하셨다. 그런 다음, 성령에 온전히 의지하여 귀신을 쫓아내시고 병자를 치유하셨다. 그리스도의 기적은 모두 성령에 의해 이루어졌는데, 성령 자신의 시대가 되기 전, 즉 성령께서 아직 공식적으로 직무를 시작하시기 전에 이루어진 것이었다. 자신의 시대가 시작되기 전에 모든 병자를 치유하셨던 성령께서 왜 직무를 시작하신 후에 일을 덜 하시겠는가? 기적을 행하시는 분이 그분 자신의 시대에 기적을 없애기 위해 직무를 시작하셨던 것인가?

교회 역사상 이 라오디게아(미지근한, 계 3:14-18 참조) 시대의 치유 문제에 대한 교회의 가르침과 관행이 성령의 완전한 장악 아래 있던 초대교회의 가르침과 관행보다 하나님의 뜻을 더 정확하게 표현하고 있는가? 결단코 아니다! 내가 서슴없이 말하는데, 현대 신학이 성령에게서 사역의 일부를 빼앗았다.

그러면, 지금까지 살펴본 것을 요약해 보자. 우리는 그리스도께서 하나님 우편에 승귀하신 이후로 우리의 질병과 연약함에 대해 그분께서 보여주신 자비로운 태도를 여러 각도에서 보았다.

병과 질병에 대한 현재 그리스도의 태도

우리는 이제 과거가 아니라, 병과 질병에 대한 현재 그리스도의 태도를 다루겠다.

첫째로, 그리스도의 현재 태도는, 그분의 구속적 칭호인 '여호와 라파'에 완전히 드러나 있다. 그분의 구속적 칭호는 변할 수 없다. 그분의 다른 여섯 가지 구속적 칭호가 각각 계시하는 복을 베풀어 주는 문제에 대한 그분의 현재 태도를 보여준다는 것은 모두 인정할 것이다. 그러면 어떤 논리로, 그분이 '여호와 라파'라는 칭호로 계시하신 치유자로서의 직무를 버리셨다고 추정할 수 있는가?

둘째로, 그분의 현재 태도는, 그분이 하나님 우편에 계시는 동안 믿는 자들의 기도에 대한 응답으로 그분의 치유 사역을 계속하고 늘리겠다는 그분 자신의 분명한 약속을 통해 다시 완전히 드러난다.

"내가 진실로 진실로 너희에게 이르노니 나를 믿는 자는 내가 하는 일을 그도 할 것이요, 또한 그보다 큰일도 하리니, 이는 내가 아버지께로 감이라 너희가 내 이름으로 무엇을 구하든지 내가 행하리니 이는 아버지로 하여금 아들로 말미암아 영광을 받으시게 하려 함이라"(요 14:12-13).

셋째로, 그분의 현재 태도는, 위의 약속을 그분 스스로 이행하시는 사도행전의 기록으로 드러난다. 맨 마지막 장에는 그분께서 승천하신 지 30년이 지난 후인데도 "섬에 있는 다른 모든 병든 사람들이 와서 치유를 받더라"(행 28:9, Weymouth)라는 기록이 있다.

넷째로, 그분의 현재 태도는, 치유가 그리스도께서 전하라고 명하신 복음의 일부라는 사실에서 드러난다.

- "온 세상"에 (막 16:15)
- "모든 민족"에게 (마 28:19)
- "모든 피조물"에게 (막 16:15)
- "항상[언제나], [현재]세상 [시대]끝까지도" 내내 (마 28:20)

이 위임령에는 약속이 뒤따른다. "병자에게 손을 얹으면 나으리라"(막 16:18).

다섯째로, 그분의 현재 태도는, 갈보리에서의 그분의 대속 사역이 그분이 세상에 계실 당시 그분을 따르는 사람들을 위한 것뿐만 아니라, 그분이 아버지의 우편에 승귀하시는 동안 세상에 사는 모든 사람을 위한 것이라는 사실에서 드러난다. 우리는 1장에서, 레위기에 모든 질병이 속죄를 근거로 고침을 받았다고 기록된 것처럼, 마태가 그리스도께 나아온 병자를 예외를 두지 않고 고치신 근거는 대속 때문이었다고 말하는 것을 보았다(마 8:16-17).

여섯째로, 그분의 현재 태도는, 그분이 아버지와 함께 계시는 동안 교회의 "병든 자"에게 "주께서 그를 일으키실 것이다"(약

5:14-15)라는 약속과 함께 기름을 붓고 기도하여 구하라고 분명히 명령하신 것으로 드러난다. 그분의 말씀은 우리가 믿음으로 기도해야 한다는 뜻인가, 아니면 믿음 없이 기도해야 한다는 뜻인가? 치유하는 것이 그분의 뜻이 아니거나, 그분이 하지 않으실 일을 위해 기도하라고 우리에게 명령하신 것이 아니라면, 어떻게 우리가 '믿음의 기도'(15절)를 할 수 있는가? 바로 이 구절에서 평신도들까지도 치유를 위해 "(자기의) 잘못을 서로 고백하며 서로를 위해 기도하라"(16절)라는 명령을 받고 있다. 엘리야가 비를 내려달라고 간절히 기도했던 것과 같은 마음으로 하라는 것이다(약 5:16-18 참조).

하나님께서 하실 뜻이 없는 일을 이렇게 간청하라고 우리에게 명령하시겠는가? 분명히 아니다!

일곱째로, 그분의 현재 태도는, 하나님께서 "교회 안에 … 교사들 … 기적을 행하는 자들 … 병 고치는 은사를 가진 자 등을 세우신"(고전 12:28) 것이 그분의 승귀 후였다는 사실에서 드러난다. 그분이 하나님 우편에서 계속하실 것이라고 약속하신 '(같은) 일들"과 "더 큰 일들'(요 14:12)이 계속되고 있기 때문이다. 사도 시대부터 현재에 이르기까지 이러한 기적적인 은사가 나타나고 있는 것을 역사는 기록하고 있다.

변할 수 없는 예수님의 긍휼

여덟째로, 우리의 병에 대한 그분의 현재 태도는 그분이 승귀하신 이래로 그분의 자비가 철회되거나 변경되지 않았다는 사실로 아주 잘 드러난다.

주님의 긍휼을 주제로 한 다음 장에서 우리는 우리 주님의 지상 사역 동안 그분께서 언제나 "불쌍히 여기셨다"는 것을 보게 될 것이다(마 14:14, 막 1:41 참조). 그리고 "병 고칠 자들은" 고쳐주셨다(눅 9:11).

신약성경에서 '자비'로 번역되는 동일한 헬라어 단어가 '긍휼'로 여러 차례 번역되기도 한다. 왜냐하면 둘이 동일하기 때문이다. 눈먼 사람 둘이 자비를 구했을 때, 예수님은 불쌍히 여기셔서 그들을 고쳐주셨다(마 20:29-34 참조). 신약성경에서 몸의 치유는 항상 자비이니, (그분께 나아오는 모든 사람을 고칠 마음이 들게 한 것은 자비 또는 긍휼이었다), 그분은 "[그분께] 부르짖는 모든 자에게 자비가 풍부하시다"(시 86:5)라는 약속은 여전히 그대로 아닌가?

이 영광스러운 복음의 경륜[1]에는 더 어두웠던 시대에 베푸

---

1 경륜(Dispensation): 하나님께서 이 세상에 대한 자신의 계획을 이루시는 방법과 그것이 적용되는 시대를 의미하는데, 모세를 통한 옛 경륜에 비해 그리스도

신 것 못지않게 고통받는 사람들에게 많은 자비와 긍휼을 베푸시지 않겠는가? 성공회의 유명한 설교자요 저술가인 맥켄지(Kenneth Mackenzie) 목사는 이 점에 대해 "병자를 불쌍히 여기시고 치유가 필요한 모든 사람을 고쳐주신 하나님 아들의 사랑하시는 마음이, 그분께서 아버지 우편에 승귀하셨을 때 자신의 고통받는 자들에 대한 염려를 그만하실 수 있겠는가?"라고 물었다.

현대 신학의 부조리한 점

이 더 좋은 '은혜의 시대'에 누군가 그리스도께서 영광을 받으신 이후 고통받는 자에 대해 긍휼을 나타내심이 철회되거나 변경되었다고까지 말하는 것과 같은 입장을 취하는 것은 이상하지 않은가? 만일 하나님께서 그분의 '원수들'에게 용서의 자비를 보이시는 것만큼 그분의 '예배자들'에게 치유의 자비를 보이지 않으신다면, 그분은 자신의 자녀들보다 마귀의 자녀들에게 더 자비를 보이려고 하시는 것이다. 성경은 "여호와의 인자하심[긍휼]은 [죄인에게만이 아니라] 자기를 경외하는 자에게 영원부터 영원까지 임한다"(시 103:17)라고 말씀함으로써 이를 부인한다. 왜냐하면 그분은 죄인을 사랑하시는 것보다 그

를 통한 복음(은혜)의 경륜을 '더 좋은 경륜'이라고 한다.

분 자신의 병들고 고통받는 자녀를 훨씬 더 사랑하시기 때문이다. 하나님께서는 감사하게도, "그분의 자비(긍휼)하심이 대대로 이르는도다"(눅 1:50 참조).

아홉째로, 그분의 현재 태도는, 예수님께서 복음 시대에 적용하신 구약의 희년(눅 4:17-19 참조)에 자기 소유로 돌아가라는 명령을 받은 사람이 '모든 사람'(레 25:10)이었다는 사실로 드러난다. 희년에는 복이 '모든 사람'에게 주어졌고, 마찬가지로 복음 시대에는 복이 '모든 피조물'에게 주어진다(막 16:15). 이 진리는 이 책의 제1장에서 더욱 완전하게 전개된다.

열째로, 그분의 현재 태도는 "[그분께서] 우리[우리 모두]를 율법의 저주에서 구속하셨다"(갈 3:13)라는 사실에서도 드러난다. 우리는 제1장에서 이 저주가 역사상 알려진 모든 질병을 포함하는 것을 보았다. 어떻게 하나님께서 우리를 의롭다고 하시면서, 동시에 우리로 하여금 그분이 우리를 그로부터 구속해 내신 저주 아래 남아 있도록 요구하실 수 있겠는가?

완전한 구원의 담보

열한째로, 그분의 현재 태도는, 성령과 그분이 우리 안에서 역사하시는 것이 "그 얻으신 것이 구속을 이룰 때까지 우리 유업의 보증[담보, NKJV]"(엡 1:14)이라는 사실로 드러난다. 나는 이미 우리의 영원한 운명이 영적이면서 육체적이기 때문에 우리의 구속도 '반드시' 영적이면서 육체적이어야 함을 지적하였다. 그러므로 우리는 다가오는 '구원의 날'까지 우리의 온전한 유업을 받을 수 없다. 그러나 하나님께 감사하게도, 성령으로 충만함을 통해 우리는 이제 그에 대한 '보증'을 갖게 되었다. 바울은 우리가 "성령의 첫 열매를 가졌고"(롬 8:23), 이것이 영적이면서 육체적으로 나타난다고 말했다. '성령의 첫 열매'(구속의 은혜-역주)는 부활의 징조인 '불멸'의 보증을 포함한다.

우리의 몸은 그리스도의 지체이기 때문에, 그분의 영적인 생명이 우리의 영과 연결되어 있는 것처럼 그분의 영광스러운 육체적 생명도 우리 몸과 틀림없이 연결되어 있다. 포도나무에 있는 동일한 생명이 그 가지에도 있으며, "참 포도나무"(요 15:1)이신 그리스도 안에는 영적 생명과 육체적 생명이 모두 있다. 부활할 때 그분께서 가져오실 것과 동일한 생명을 우리 몸에도 가져와야만 성령이 우리 몸에 대한 유업의 보증이 '될 수 있다'. 우리의 유업이 영화(榮化)된 몸을 포함한다면, 보증은 무엇이어야 하는가? 하나님께 감사하게도, "예수의 생명이 또한 우리의 죽을 육체에도 나타나게 하려는 것이다"(고후 4:11). 불멸의 생명이 우리의 죽을 몸에 구속의 징조가 나타나게 하여 우리가 행로를 마치고 "온전한 상을 받게"(요이 1:8) 하기 위해서이다.

열두째로, 자연 자체가 우리 몸의 치유에 대한 그리스도의 현재 태도를 드러내고 있지 않은가? 자연은 어디서든 치유되고 있거나 적어도 치유를 위해 최선을 다하고 있다. 질병 세균이 우리 몸에 들어오자마자 자연은 이를 퇴치하기 시작한다. 뼈가 부러지거나 손가락을 베이면, 자연은 치유를 위해 전력을 다할 것이며, 대개는 성공한다. 그렇다면 하나님께서는 그분의 뜻에 반역하라고 자연에게 명령하셨는가? 만일 병이 그분의 자녀들에 대한 하나님의 뜻이라면, 그분이 그런 명령을 내리신 것처럼 보이지 않겠는가?

몸의 고통을 이용하시는 하나님

어떤 사람들이 생각하듯이, 병이 신실한 자녀들에 대한 하나님의 뜻이라면, 그들이 그분의 목적을 좌절시키기 위해 수천 달러를 쓰는 것은 말할 것도 없고, 나아지기를 바라는 것조차도 죄이다.

나는 내과 의사, 외과 의사, 병원, 숙련된 간호사를 통해 고통받는 사람들에게 왔던 모든 도움에 대해 진심으로 하나님께 감사드린다. 그러나 만일 병이 하나님의 뜻이라면, 한 저술가의 말대로, "모든 의사는 율법을 범하는 자이며, 숙련된 모든 간호사는 전능하신 분을 거역하고 있는 것이다. 모든 병원은 자비의 집이 아니라 반역의 집이다." 그래서 병원을 지원하는 대신에 모든 병원을 폐쇄하기 위해 전력을 다해야 한다.

하나님께서 그분의 영광을 위해 예배자들 가운데 일부가 병든 상태로 있기를 원하신다고 가르치는 사람들의 현대 신학이 만일 사실이라면, 그러면 예수님은 지상 사역 중에 그분에게 왔던 모든 사람을 치료하심으로써, 하나님께서 받으실 모든 영광을 아버지에게서 빼앗는 것을 주저하지 않으신 것이다. 마찬가지로 성령님도 예루살렘 거리에서 모든 병자를 고치심으로써, 하나님께서 받으실 모든 영광을 빼앗은 것이다. 그리고 바울 역시 멜리데 섬의 모든 병자를 치유함으로써 하나님께서 받으실 모든 영광을 빼앗은 것이다.

오늘날 많은 사람이, 하나님께서는 그분께 순종하는 사람들까지도 그들을 사랑하시기 때문에, 하늘에 계신 아버지의 사랑의 징표로 병들게 하여 고통받게 하신다고 믿는다. 만일 이것이 사실이라면, 왜 그들은 그분의 사랑의 징표를 없애려고 하는 것일까? 왜 암으로 고통받는 사람은 자신의 두 번째 복을 위해 기도하지 않으며, 아내, 자녀, 아버지, 어머니, 이웃 등에게도 그런 복을 내려 달라고 구하지 않는가?

하나님께서는 때때로 그분의 백성을 병을 통해 징계하시지 않는가? 분명히 그렇다! 우리가 하나님께 불순종할 때, 아버지의 사랑의 징벌로 병이 허용될 수 있다. 그러나 하나님께서는 어떻게 그것을 피하고 방지할 수 있는지를 우리에게 말씀해 주셨다. "만일 우리가 스스로 심판하면 심판을 받지 않을 것이지만, 우리가 심판을 받을 때는 주께 징계를 받는 것이니, 이는 우리가 세상과 함께 정죄를 받지 않게 하려는 것이다"(고전 11:31-32). 이러한 징계는 우리를 최후의 심판으로부터 구하기 위해 온다. 그러나 우리가 징계의 이유를 알고, 그로부터 돌이키면, 하나님께서는 그것을 철회할 것이라고 약속하신다. "우리가 스스로 심판하거나" 교훈을 배우자마자, "우리는 심판을 받지 않을 것이다"라는 절대적인 약속이 있다. 우리는 자기 심판을 통해 징계를 피할 수 있는 것이다. 신유(神癒)는 그들의 행위에 관계 없이 모든 그리스도인에게 무조건적으로 약속되지는 않는다. 그것은 믿고 순종하는 자들의 것이다. "여호와의 모든 길은 그의 언약과 증거를 지키는 자에게 자비와 진리로다"(시 25:10).

다음으로, 이제 그분의 태도는 "하나님의 아들이 나타나신 것은 마귀의 역사를 멸하려 하심이라"(요일 3:8)라는 사실로 드러난다. 그분께서 하늘을 떠나 인간이 되신 끔찍한 전환과 그에 따른 온갖 고통과 희생을 생각해 보라. 그분께서 이 모든 일을 하시게 한 목적은 무엇이었는가? 성경은 다음과 같이 대답한다. "이는 마귀의 역사를 멸하려 하심이라." 이 목적에는 "마귀에게 눌린 모든 사람"(행 10:38)의 치유가 포함된다. 영광을 받으신 이후로 그분은 겟세마네의 피땀과 갈보리의 끔찍한 고통 중에도 간직하셨던 이 목적을 포기하셨는가? 그분께서는 이전에 멸하고 싶으셨던 마귀의 역사가 우리 몸에 남아 있기를 원하시는가? 그분께서 이제는 "그리스도의 지체"(고전 6:15)와 "성[령]의 전[들]"(고전 6:19)에 있는 암, "염병"(신 28:59, 61), "저주"(신 28:15, 22, 27-29, 35, 59-61 참조) 또는 "마귀의 역사"를 원하신다는 것이 있을 수 있는 일인가? 그리스도의 몸"(고전 12:27)의 어느 부분이라도 치유하시는 것이 그분의 뜻이 아닌가? 그렇지 않다면, 왜 그분은 '모든 병자'에게 치유를 위해 그분의 이름으로 기름 부으라고 명령하셨는가(약 5:14)?

"몸은 … 주를 위해 있으며"(고전 6:13), "하나님께 … 산 제물"(롬 12:1)이므로, 그분께서는 망가진 몸보다는 건강한 몸을 원하시지 않겠는가? 그렇지 않다면, 그분께서는 어떻게 우리를 "모든 선한 일에 온전하게 하셔서 그분의 뜻을 행하게"(히 13:21) 하실 수 있는가? 말씀해 주신 하나님의 뜻은 - 우리가 "모든 선한 일을 많이 할 수 있게"(고후 9:8), "모든 선한 일을 할 준비가 되어 있고"(딤후 2:21), "모든 선한 일을 행할 능력을 철저히 갖추고"(딤후 3:17), "선한 일을 열심히"(딛 2:14)하고, "선한 일에 전념"(딛 3:8) 하는 것인데 - 건강한 남자와 여자에게만 바라시는 것인가? 만일 그것이 모든 사람에게 바라시는 것이라면, 이것이 가능하도록 그분께서 아픈 사람을 고쳐주셔야 할 것이다. 왜냐하면 아무도 병실에 갇혀 있는 동안에는 "모든 선한 일을 많이" 할 수 없기 때문이다.

모든 것을 포괄하는 구원

마지막으로, 그분의 현재 태도는 '구원'이라는 단어의 의미 자체에서 드러난다. "구원"에 해당하는 헬라어 단어인 소테리아(Soteria)는 구조, 보존, 치유, 건강, 튼튼함을 의미하며, 신약성경에서는 종종 영혼에 적용되기도 하고 몸에만 적용되기도 한다. "구원받은"으로 번역되는 헬라어 소조(Sozo)도 "치유된", "건강해진", "온전해진"을 의미한다. 로마서 10장 9절에서는 "구원받은"으로 번역되어 있고, 같은 단어가 사도행전 14:9에서는 태어날 때부터 걷지 못하는 사람의 치유를 언급할 때 "치유 받은"으로 번역되었다. "구원"과 "구원받은"에 해당하는 헬라어 단어는 모두 영적, 육체적 구원 모두를 의미한다. 다시 말해서, 영적, 육체적 치유이다. 바울은 에베소서 5장 23절에서 "그가 몸의 구주시니라"라고 말했다.

이것이 일부를 위한 것인가, 아니면 모두를 위한 것인가? 스코필드 박사는 「스코필드 주석 성경」의 각주에 로마서 1장 16절에 있는 "구원"이라는 단어에 대하여 다음과 같이 썼다.

"구원"은 칭의(稱義), 구속(救贖), 은혜(恩惠), 속죄(贖罪), 전가(轉嫁), 용서(容恕), 성화(聖化), 영화(榮化) 등 모든 구속적 행위와 과정이 그 안에 집약되어 있는 복음의 대단히 포괄적인 단어이다.

그러므로 구원이라는 단어에는 하나님의 7가지 구속적 칭호로 계시된 모든 복을 우리가 소유하고 누리는 것이 포함된다. 사실, 이 칭호들은 우리의 구원이 무엇을 포함하는지 보여주기 위해 주어졌다. 그러므로 "모든 믿는 자에게 구원을 주시는 하나님의 능력이 되는 것은" 영혼은 물론 몸도 치유하는 복음이다. "먼저는 유대인에게, 그리고 또한 헬라인에게"(롬 1:16) "모두의 주님이신 그분께서 구하는 모든 사람에게 풍성하게 주신다"(롬 10:12).

직설적 비교

치유를 받았다고 말하는 사람들의 신유(神癒)의 증거는 오늘날 자칭 그리스도인이라는 사람들의 중생(重生)의 증거 못지않게 분명하고 확실하다. 치유 받았다고 간증하는 사람들의 육체적 건강이 같은 수의 그리스도인들의 영적 건강보다 더 좋지 않은가? 치유 받은 사람들의 육체적 건강은 심지어 오늘날 평균적인 성직자의 영적 건강과 비교해도 손색없지 않을까? 내가 생각하기에는, 평균적인 그리스도인, 심지어 오늘날의 평균적인 성직자들이 중생의 성경 교리의 증거라기에는, 치유 받았다고 간증하는 사람들이 치유 교리의 증거인 것보다 약한 것 같다. 전자(前者)가 구원에 대한 믿음의 기초로서 훨씬 더 많은 가르침을 들었을 텐데 말이다.

세례받은 사람들 모두가 자기의 '모든' 죄에서 씻어졌는가? 믿음이 있는 사람들 외에는 아니다! 그리스도인 세례 의식에서 물이 하는 일을, 병자의 치유를 위해 기름을 바르는 의식에서 기름이 한다.

제4장

주님의 긍휼

"여호와는 은혜로우시며 긍휼이 많으시며, 노하기를 더디 하시며, 자비하심이 크시도다. 여호와께서는 모든 것을 선대하시며, 그 지으신 모든 것에 긍휼을 베푸시는도다"(시 145:8-9).

주님의 긍휼을 연구하면서, 우리는 마음속에 주님의 치유하시려는 의지에 대해 완전한 계시를 얻었다. 세상에서 사역하시는 동안 그분은 항상 "불쌍히 여기셨고"(예를 들어 마 14:14; 막 1:41 참조) "치료가 필요한 모든 사람"을 고쳐주셨다(눅 9:11). "이 예수님이"(행 1:11) "내가 떠나가는 것이 너희에게 유익이라"(요 16:7)라고 말씀하신 후, 이제 하나님 우편에 앉아 우리를 위해 "자비로우시며[긍휼하시며] 신실하신 제사장이 되셨다"(히 2:17).

성경에서 "자비"와 "긍휼"은 같은 것을 의미한다. 히브리어 명사 라카민(rachamin)은 "자비"와 "긍휼"로 번역된다. 헬라어 동사 엘레에오(Eleeo)는 "자비를 베풀다"와 "긍휼을 베풀다"로 번역된다. 마찬가지로, 헬라어 형용사 엘레에몬(Eleemon)은 "자비로운"과 "동정하는"으로 정의된다.

긍휼을 베푸는 것은 "다정하게 사랑해 주고, 불쌍히 여기고, 자비를 베풀고, 간절한 마음으로 동정하는 것"이다.

하나님은 오로지 사랑이시다

위의 본문은 "여호와는 은혜로우시며 긍휼이 많으시도다"로 시작된다. 하나님의 본성에 대한 이러한 생각은 성경 전체에 걸쳐 반복해서 표현된다. 하나님은 오로지 사랑이시다. 성경에서 우리 하늘 아버지에 대해 가장 뚜렷하게 진술하고 있는 것은 그분의 사랑과 그분의 자비와 그분의 긍휼에 대한 선포이다. 이것만큼 믿음을 불러일으켜 줄 하나님의 성품을 확인할 수 있는 글은 없다. 우리는 부흥회에서, 하나님의 현존하는 사랑과 긍휼의 진리가 사람들의 정신과 마음에 깨달아지기 시작했을 때 믿음이 "산더미같이" 솟아오르는 것을 나는 보았다. 믿음을 불러일으키는 것은, 하나님이 '하실 수 있는' 것이 무엇인지가 아니라, 그분께서 하시기를 원하시는 것이 무엇인지를 우리가 아는 것이다.

예수님은 병자를 고치실 때 늘 긍휼을 보이심으로써 하나님의 긍휼하신 마음을 사람들에게 나타내 보이셨고, 많은 사람이 그분께 도움을 받으러 왔다. 오, 사탄은 이 영광스러운 사실을 사람들에게 숨기기 위해 얼마나 교활하게 역사해왔던가. 사탄은 기적의 시대가 지나갔다는 비성경적이고 비논리적이며 진부한 주장을 널리 퍼뜨렸고, 마침내 사탄은 세상 사람들의 눈을 가려 하나님의 긍휼을 못 보게 하는 데 거의 성공하였다. 현대 신학은 하나님의 긍휼하심을 부각시키기 보다 하나님의 능력을 더 부각시킨다. 즉 "우리에게 '베풀어진' 엄청나게 위대한 그분의 능력"(엡 1:19)이라는 중요한 사실보다 그분의 능력을 더 부각시키고 있다. 그러나 성경은 이것을 뒤집어 그분의 능력 자체보다 그 능력을 사용하시려는 그분의 뜻을 더 부각한다. 성경은 어디에서도 "하나님은 능력이시다"라고 말하지 않고, "하나님은 사랑이시다"(요일 4:8, 16)라고 말씀한다. 하나님의 복을 보장하는 것은 하나님의 능력에 대한 믿음이 아니라, 그분의 사랑과 그분의 뜻에 대한 믿음이다.

현대 신학에 의해 가려진 하나님의 사랑

다시 말하면, 위 본문의 첫 번째 진술이 "여호와는 은혜로우시다"인데, 이는 "그분은 은혜를 베풀고 싶어 하신다"라는 의미이다. 성경 전체에 걸쳐 그토록 찬란하게 빛나는 이 영광스러운 사실은 현대 신학에 의해 너무 가려져서 우리는 어디에서나 "주님은 은혜로우시다"라는 말 대신에 주님은 '하실 수 있다'라는 말을 듣는다. 치유가 필요한 수백 명의 사람들이 우리에게 오거나 편지를 써서 그들의 구원의 필요에 대해 말하면서 "주님은 하실 수 있습니다"라고 했다. 그러나 그들의 가르침은 물론, 가르침의 부족으로 인해 그들은 주님께서 원하고 계신다는 것을 알지 못하고 있다. "주님은 하실 수 있다"라고 말하는 데는 얼마나 많은 믿음이 필요한가? 마귀는 하나님이 하실 수 있다는 것을 알고 있으며, 하나님이 하시기 원하시는 것도 알고 있다. 그러나 마귀는 '사람들이' 후자의 사실은 알지 못하게 했다. 사탄은 우리가 주님의 능력을 부각하기를 바라고 있다. 왜냐하면 그는 이것은 믿음의 충분한 기반이 아니라는 것을 알고 있기 때문이다. 그러나 그는 주님의 긍휼과 의지가 믿음의 기반이 됨을 알고 있다.

사람들의 치유를 위해 기도하기 전에, 우리는 그들이 "주님은 하실 수 있다. 대신에 "주님은 은혜로우시다"라고 말할 수 있을 때까지 기다렸다가 그들에게 하나님의 말씀을 가르쳐야 한다. 이것이 바로 예수님께서 "주여 원하시면 저를 깨끗하게 하실 수 있나이다"(마 8:2)라고 말한 나병환자를 고치기 전에 하셔야 했던 일이다. 예수님께서는 그 사람이 진정으로 치유를 바랄 수 있도록 그분의 의지를 보여주셨다(마 8:3).

앞 장에서는 치유해 주시려는 주님의 현재 의지에 대한 많은
성경적 증거가 제시되었다. 그러나 우리가 "그분은 하실 수 있
다"라고 말하는 데서 "그분이 원하고 계신다"라고 말하는 것으
로 향상될 수 있다고 해도 이것만으로는 충분하지 않다. '의지'
라는 단어는 우리를 향한 하나님의 자비로우신 태도를 충분히
표현하기에는 너무 미약하다. "그분은 자비를 즐겨하신다"(미
7:18). 역대하 16장 9절에는 그분의 태도가 더 잘 표현되어
있다. "여호와의 눈은 온 땅을 두루 감찰하사 전심으로 자기에
게 향하는 자들을 위하여 능력을 베푸신다." 이 본문은 우리 주
님께서 그렇게 할 수 있게 하는 모든 사람에게 그분의 복을 매
우 풍성하게 부어 주실 뜻이 있으실 뿐 아니라, 열심히 부어 주
시는 분이심을 보여준다. "여호와의 눈은 온 땅을 두루 감찰하
시느니라." 즉 "자비를 즐겨하시기" 때문에, 그분은 언제나 그
분의 자애로우신 마음을 충족시킬 기회를 찾고 계신다.

자애는 하나님의 위대한 속성이다. 그러므로 당신이 그분을
기쁘시게 하고 싶다면 그분의 자애를 행하시는 데 장애물을 제
거하라. 그분은 무한히 선하시며, 그분의 피조물들이 할 수 있
게 할 때마다 그들 모두가 할 수 있도록 복을 쏟아내시기 위해
전적으로 헌신하는 상태로 영원히 존재하신다. 광대한 태평양
이 우리보다 높이 올려져 있다고 상상해 보라. 그리고 그것이
쏟아져 나와 온 땅 위로 밀물을 흘려보낼 수 있는 출구를 찾기
위해 틈새마다 밀고 들어가는 것을 상상해 보라. 그러면 당신

은 우리를 향한 하나님의 자애로운 태도의 그림을 가지게 된다.

하나님의 자비가 미칠 수 있는 곳에 자리 잡으라

먼저 올바로 깨달은 후에, 그분의 도덕적 통치의 영광스러운 원칙을 어기지 않고 하나님의 자비가 당신에게 미칠 수 있는 곳에 자리 잡으라고 당신에게 촉구한다. 그런 다음 그분의 사랑과 자비가 가장 압도적으로 나타나는 것을 경험하지 않는지 기다려 보라. 기대한 한계에 도달할 때까지 복이 흐를 것이다. 고넬료는 베드로에게 "하나님께서 당신에게 명하신 모든 것을 들으려고, 우리가 모두 하나님 앞에 나와 있습니다"(행 10:33)라고 말함으로써, 하나님의 자비가 그에게 미칠 수 있는 곳에 자리 잡았으며, 그는 하나님의 선하심이 베드로가 설교를 마치기를 기다리지 못하실 정도로 크다는 것을 깨달았다. 베드로가 그들의 믿음에 기반이 되기에 충분할 만큼 말을 하자마자, 축복이 내려왔다(행 10:1-48 참조).

하나님은 하실 수 있을 뿐만 아니라, 그분께서는 "우리의 온갖 구하는 것이나 생각하는 것보다 넘치도록 풍성하게"(엡 3:20) 주려고 하신다. 그분의 사랑은 너무도 커서 우주의 모든 거룩한 존재들에게 복을 주시는 것으로는 다 만족할 수가 없다. 그리하여 그분의 사랑은 그분의 원수들에게까지 "온 땅에 두루"(대하 16:9) 베풀어진다. 내가 보기에, 하나님께서는 그분의 의지보다 그분의 능력을 의심하는 것을 더 원하실 것 같다. 나는 곤경에 처한 사람이 내게 "당신이 할 수 있다는 것은 알지만, 당신이 나를 도우려는 의향이 있는지는 자신이 없어요."라고 말하는 것보다는 "보스워스 형제, 당신이 할 수만 있다면 나를 도와주리라는 것을 알아요.(내 능력을 의심하는 것)"라고 말하는 것을 더 원할 것이다.

이 장이 시작하는 곳에 있는 본문은 더 나아가 "여호와는 … 긍휼이 많으시며, 노하기를 더디 하시며, 자비하심이 크시도다."라고 말하고 있다. 주님께서 어떻게 그분의 다정한 사랑으로 우리 마음을 넘치게 하셨는지 생각할 때, 다른 사람들을 위한 기도에서 우리 마음은 감정을 표현할 수 없는 갈망, 즉 "말할 수 없는"(롬 8:26) 갈망으로 가득 차게 된다. 나는 경외감을 느끼며 그분의 자비가 무엇인지 궁금하다. 고통받는 자녀에 대한 어머니의 연민은 그녀로 하여금 그 아이를 구출하려는 의지뿐만 아니라, 자신이 그를 구출할 수 없다면 그와 함께 고통을 겪으려는 의지를 만든다. "불쌍히 여김"으로 번역된 헬라어 쉼빠쎄스(Sumpathes)는 "다른 사람과 함께 고통을 겪는 것"을 의미한다. 따라서 이사야는 "그들의 모든 고통에 괴로워하셨다"(사 63:9)라고 했다. 병자를 향한 하나님의 자비에 대한 이 놀라운 사실은, 더 어두웠던 구약 시대에도 분명하게 보여지고 적용되었는데, 인간이 필요로 하는 모든 국면에서 그분의 자비를 최대한으로 나타내실 길을 열어놓고 계신, 이 "더 좋은" 시대에 그것을 간과하고 제쳐놓아야 한다는 것은 이상하지 않은가?

하나님의 자애로운 마음은 모든 사람에게 미친다

본문은 여호와의 긍휼의 위대하심을 보여준 후, 다음과 같은 논리적인 결론으로 끝을 맺는다. "여호와께서는 모든 것을 선대(善待)하시며 그 지으신 모든 것에 긍휼을 베푸시는도다"(시 145:9). 다시 말해서, 그분은 "긍휼로 가득 찬"분이셔서 그분의 자비를 베푸시는데, "사람 차별(편애함)"을 하실 수가 없다(행 10:34). 거룩한 존재들에게 복을 주시는 것으로는 그분의 자애로운 마음을 완전히 충족시킬 수 없으셔서, 세상의 악인들에게까지 자비를 베푸시는 하나님께서 어떻게 그분의 순종하는 자녀들 중 누구에게서 공통적인 치유의 복을 거두실 수 있겠는가?

"선지자들과 임금들이 보기를 원하고"(눅 10:24), "천사들도 알아보고 싶어 하는"(벧전 1:12) 그분의 자비를, 더 암울했던 시대에 고통받는 사람들이 기대했던 만큼, 이 은혜의 시대의 병자들은 기대하지 않는다고 오늘날 가르치고 있는 것은 참으로 이상한 교리이다. 하나님께서는 이제 그분의 자녀들에게 치유의 자비를 베푸시는 것보다 마귀의 자녀들에게 용서의 자비를 베푸시기를 더 원하신다는 것인가? 사실은, 그분이 죄인들을 사랑하시는 것보다 그분 자신의 병들고 고통받는 자녀들을 훨씬 더 사랑하시며, "여호와의 자비[긍휼]는 [죄인들에게 만이 아니라, 또한] 그분을 경외하는 자에게 영원부터 영원까지 이른다"(시 103:17). "아버지가 자식을 측은히 여기는 것같이 여호와께서는 그분을 경외하는 자들을 측은히 여기시느니라"(시 103:13). "하늘이 땅에서 높음같이 그분을 경외하는 자에게 그분의 자비가 크도다"(시 103:11). 죄인에게도 마찬가지이다. 병든 그리스도인은 솔로몬처럼 이렇게 말할 수 있다. "주와 같은 신은 없나이다 … 주께서는 온 마음으로 주의 앞에서 행하는 주의 종들에게 언약을 지키시고 자비를 베푸시나이다"(대하 6:14). 일부가 아니라 "여호와의 모든 길은 그분의 원수에게가 아니라 그분의 언약과 증거를 지키는 자에게 자비와 진리로다"(시 25:10).

주님의 긍휼의 사례

이제 복음서에서 주님의 긍휼을 보여주는 몇 개의 구절들을 살펴보자.

"한 나병환자가 예수께 와서 꿇어 엎드려 간구하여 이르되 원하시면 저를 깨끗하게 하실 수 있나이다 예수께서 불쌍히 여기사 손을 내밀어 그에게 대시며 이르시되 내가 원하노니 깨끗함을 받으라 하시니 곧 나병이 그 사람에게서 떠나가고 깨끗하여진지라 … 사방에서 사람들이 예수께로 나아오더라"(막 1:40-42, 45).

그리스도께서 이 나병환자를 고치시도록 움직인 것은 긍휼이었다.

"예수께서 들으시고 배를 타고 떠나사 따로 빈 들에 가시니 무리가 듣고 여러 고을로부터 걸어서 따라간지라 예수께서 나오사, 큰 무리를 보시고 불쌍히 여기사 그중에 있는 병자를 고쳐주시니라"(마 14:13-14).

다른 곳에서처럼 이 경우에도, 그분은 "치유가 필요했던"(눅 9:11) 모든 자에게 "자비가 풍성하신"(시 86:15) 분이셨고, 그분을 움직인 것은 그분의 긍휼이었다.

"그들이 여리고에서 떠나갈 때에 큰 무리가 예수를 따르더라. 맹인 두 사람이 길가에 앉았다가 예수께서 지나가신다 함을 듣고 소리 질러 이르되 주여, 우리를 불쌍히 여기소서 다윗의 자손이여 하니라. … 예수께서 머물러 서서 그들을 불러 이르시되 너희에게 무엇을 하여 주기를 원하느냐 이르되 주여, 우리 눈 뜨기를 원하나이다 예수께서 불쌍히 여기사 그들의 눈을 만지시니 곧 보게 되어 그들이 예수를 따르니라"(마 20:29-30, 32-34).

이 시각장애인들의 눈을 뜨게 해 달라고 "자비"를 구했고, 예수님은 그들에게 치유의 자비를 베풀어 주셨고, 용서뿐 아니라 치유도 자비임을 증명하셨다. 그 당시에는 병자들이 치료를 구할 때 자비를 구했다. 오늘날 대부분의 사람이 그분의 자비가 병자에게도 베풀어진다는 사실을 알지 못하고, 오직 죄인에게만 자비가 적용된다고 생각한다.

하나님, 자비의 아버지

하나님을 "자비의 아버지"(고후 1:3)라고 불렀던 바울은 멜리데 섬의 모든 병자를 치유함으로써 이러한 하나님의 속성을 증명하였다(행 28:1-9, 참조). 예수님께서는 이렇게 말씀하셨다. "자비로운[긍휼한] 자는 복이 있으니, 그들이 자비를 얻을 것이기 때문이요"(마 5:7) 욥이 친구들을 위해 기도했을 때, 병이 나았다(욥 42:7-10 참조). 마태복음 5장 7절에 따르면, 욥은 자비를 보여줌으로써 자비를 얻었다. 욥의 치유에 대하여 언급하고 설명하는 야고보서 5장 11절은 "주는 가장 자비하시고, 긍휼히 여기시는 분이시니라."라고 말씀하며, 다음과 같이 교회에 지시한다.

"너희 중에 병든 자가 있느냐? 교회 장로들을 부르게 하라. 그리고 그들이 주님의 이름으로 기름을 바르고, 그를 위해 기도하게 하라. 믿음의 기도는 병자를 구원하리니, 주께서 그를 일으키시리라. 만일 그가 죄를 범하였다면, 그들이 용서받게 할 것이다"(약 5:14-15).

다시 말하면, "주님은 매우 인정이 많으시고 자애로우시기" 때문에 오늘날 교회의 "어떤 병자나" 욥처럼 치유를 받게 하라는 것이다. 우리에게 필요한 모든 것을 베풀어 주신 예수님께서는 두 맹인에게 하셨던 것처럼 여전히 "내가 너희에게 무엇을 해주기를 원하느냐?"(마 20:32)라고 말씀하고 계신다.

예수님께서는 무덤 사이에 사는 한 사람을 불쌍히 여기셨는데, 그 사람은 군대 귀신이 들렸기 때문에 돌로 자신의 몸을 상하게 하고 사람들이 그를 묶어놓았던 쇠사슬을 끊었다. 예수님께서 그 사람을 고치신 후에, 그가 옷을 입고 정신이 온전해지자 기뻐서 함께 있게 해달라고 주님께 간구하였다(막 5:2-18 참조).

"그렇지만 예수님께서 허락하지 않으시고 그에게 이르시되 집으로 돌아가 주께서 네게 어떻게 큰일을 행하사 너를 긍휼히 여기신 것을 네 가족에게 알리라 하시니 그가 가서 예수님께서 자기에게 어떻게 큰일 행하셨는지를 데가볼리에 전파하니 모든 사람이 놀랍게 여기더라"(막 5:19-20).

한 사람의 간증의 결과

이 한 사람이 주님의 긍휼을 알리기 위해 간증한 결과를 이제 마태복음에서 보자.

"[데가볼리]에서 큰 무리가 다리 저는 사람과 장애인과 맹인과 말 못하는 사람과 기타 여럿을 데리고 와서 예수님의 발 앞에 앉히매 고쳐주시니, 말 못 하는 사람이 말하고, 장애인이 온전하게 되고, 다리 저는 사람이 걸으며, 맹인이 보는 것을 무리가 보고 놀랍게 여겨 이스라엘의 하나님께 영광을 돌리니라"(마 15:30-31).

이 "큰 무리"로 하여금 "이스라엘의 하나님께" 영광을 돌리게 한 것은, 오늘날 일부 사람들이 가르치는 것처럼, 그들이 병든 것 때문이 아니라, 그들이 치유된 것 때문이었다. 오, 만일 오늘날 모든 사역자들이 병자의 치유에 대한 성경의 약속을 분명하게 제시하고, 그 후에 각자가 치유되자마자, 차례대로, 주님의 긍휼을 자신의 "데가볼리"에 두루 알린다면, 얼마나 많은 영광이 하나님께 가고, 또 얼마나 많은 복이 세상에 오겠는가? 얼마 안 가, 곳곳에서 병에 걸린 수천수만의 사람들이 치유를 위해 그리스도에 대한 믿음을 얻으려 할 것이다. 그러면 다시 많은 사람들이 "이스라엘의 하나님께 영광을 돌렸다"라는 말을 하게 될 것이다.

고등비평가[1]와 현대주의자[2]는 곧 인기가 없어질 것이며, 거짓 치유 이단들은 지금 덫에 걸려 있는 많은 사람을 교회에서 떠나게 하지 못할 것이다.

하나님의 선하심을 퍼뜨리는 것은 범죄가 아니다

마가복음 5장 20절은 이 사람이 주님의 긍휼을 "전파"(선포, NJKV)하기 시작했다고 말씀한다. 어떤 사람들은 기적적으로 치유 받은 사람들의 간증을 우리가 전파하는 것에 대해 반대하고 반박하는 글을 쓴다. 무엇이 문제인가? "그가 행하신 일을 만민 중에 알릴지어다"(대상 16:8, 시 105:1)라는 주님의 명령에 순종하는 데 무슨 잘못이 있는가? 예수님은 인간의 모든 요구에 그분의 자비가 미칠 수 있는 길을 열기 위해 죽으셨기 때문에 우리는 분명히 그들이 그것을 알도록 해야 한다. 요즘 나오는 일부 책과 글을 읽는 사람은 주님의 긍휼을 퍼뜨리는 것이 범죄라는 생각이 들 것이다.

당신은 위에 인용된 다양한 성경 구절에서 예수님의 치유 기

---

1   고등비평(higher criticism): 성경이 성령의 감동을 받아 기록된 것임을 인정하지 않고, 본문을 역사적, 논리적, 이성적으로 분석하는 성경 비평 방법
2   현대주의(modernism): 전통적인 복음주의에 반대하여 이성과 합리성, 인간중심주의를 바탕으로 시대에 맞게 변화된 신앙체계를 주장하는 운동

적의 결과로 "예수님의 소문이 곧 온 갈릴리 사방에 퍼졌고"(막 1:28), "사람들이 사방에서 그분께 나아왔다"(막 1:45)는 사실을 알 수 있다. 성경은 군중에 대해 "무리가 듣고 여러 고을로부터 걸어서 따라간지라"(마 14:13), "큰 무리가 나아오더라"(마 5:30)라고 말씀한다. 무리가, 무리가, 무리가 곳곳에서!

오늘날에도 마찬가지이다. "이 예수님"(행 1:11)이 실제로 병자를 고치신다는 것이 어느 도시에 알려지자마자 "그분이 행하신 일을 만민 중에 알리라"라는 명령에 순종하고, 그분의 긍휼을 퍼뜨리자마자 사람들이 "사방에서" 몰려온다. 나는 병자를 치유하시는 주님의 긍휼이 나타나는 것만큼 모든 장벽을 무너뜨리고 사방에서 사람들을 오게 하는 그 어떤 것도 본 적이 없다. 우리는 우리 부흥회에서 일반 사람들이 "이 예수님"이 하시는 일을 알게 되자마자, 감리교 지역, 세례교 지역, 가톨릭 지역, 크리스천사이언스3 지역, 단일파 지역, 영성주의자 지역, 유대인 지역, 빈민 지역, 부자 지역, 그리고 사방에서 사람들이 오는 것을 발견했다. 그리고 그분의 긍휼을 드러내시는 치유의 기적이 없었다면 결코 집회에 참석하지도 않았을 사람들이 복음을 듣고 그들의 삶을 하나님께 드리고 있다.

---

3 미국의 신흥 종교: 크리스천사이언스(Christian Science), 기독교 단일파(Unity School of Christianity), 영성주의자(영매) 교회(Spiritualist Church) 등

오늘날의 치유 실적

그리스도와 사도들이 기적 없이는 많은 사람을 끌어낼 수 없었다면, 그분께서 우리에게 더 많은 것을 기대하시겠는가? 영혼 구원이라는 더 중요한 문제 대신에 "치유 사역"을 하는 것이 아니라, 그것을 통해 내가 13년 전도 활동 중 일년내내 보았던 것보다 더 많은 행복한 개심(改心)을 단 한 주 만에 보았다. 이후 주님께서는 나로 하여금 복음의 이 부분을 더욱 담대하고 공공연히 전파하도록 이끄셨다. 우리 부흥회가 시작되자마자 수백 명이 밤마다 그들의 마음과 삶을 하나님께 드리기 위해 몰려왔고, 온 도시가 예수님에 관해 얘기하기 시작했다. 우리 부흥회를 방문한 다른 전도자들은 이제 자신들의 집회에서 이것이 진실임을 증명하고 있다.

이 책을 집필하기 직전 캐나다 오타와에서 열린 부흥회에서는 7주의 집회 동안 6천 명이 와서 치유를 받았고, 약 1만 2천 명이 와서 구원을 받았다. 만일 주님의 긍휼을 나타내는 치유의 기적이 없었다면, 구원받은 사람이 천 명이 넘었을지 의문이다. 도시와 시골은 역사상 전에 없이 그분의 이야기로 들썩였고, 캐나다의 수도인 이 도시에서 이제까지 종교 집회로 한 지붕 아래 모인 것으로는 최대 규모의 군중이 새로 건설된 백만 불짜리 강당, 그 도시에서 가장 큰 건물을 가득 채웠다. 단일 예배에 참석한 사람이 8천 명에 달했다. 그 도시를 떠나기 전에 우리는 거의 모든 종류의 질병과 고통에서 치유되었거나 치유되고 있는 사람들로부터 수백 건의 간증문을 받았다. 하나님께 모든 영광을 돌린다!

치유, 강력한 전도 수단

다른 전도자들 가운데, 지금 이 현상이 진실임을 증명하고 있는 한 세례교 전도자는 이 주제에 관해 출간한 10권의 소책자 중 하나에서 치유는 주님께서 이제까지 사용하신 가장 위대한 전도 수단이며, 그는 미국에 있는 돈을 모두 준다 해도 예전의 (새로운) 방식으로 돌아가지 않을 것이라고 썼다.

이제 주님의 긍휼에 관한 또 다른 구절을 살펴보자.

"예수께서 모든 도시와 마을을 다니시며, 그들의 회당에서 가르치시고, 천국의 복음을 전파하시며, 사람들 가운데 온갖 아픈 것들과 질병들을 고치셨다. 예수께서 무리를 보시고 측은한 마음이 드셨다. 왜냐하면 그들이 목자 없는 양들처럼 기운이 없고, 뿔뿔이 흩어졌기 때문이다. 그래서 예수께서 제자들에게 말씀하셨다. 추수할 것은 참으로 많은데 일꾼이 적구나. 그러니 너희는 추수하시는 주님께 일꾼들을 추수할 곳으로 보내달라고 기도하라"(마 9:35-38).

"예수께서 그의 열두 제자를 부르셔서 더러운 귀신을 쫓아내며 모든 병과 모든 약한 것을 고치는 권능을 주셨다"(마 10:1).

"[예수께서] 그들에게 명하여, 이르시되, … 가서"(마 10:5)

"전파하고, … 병든 자를 고쳐라"(마 10:7-8).

이 구절에서 우리는 병자에 대한 그분의 긍휼이 잘 알려져서 "추수할 것"이 한 분의 추수꾼에게는 너무 많아졌음을 본다. 그분의 긍휼하신 마음은 군중들 때문에 그분께 다가갈 수 없는 사람들이 늘어나고 있는 것에 대한 측은함으로 가득하였다. "그분이 무리를 보시고 측은한 마음이 드셨다."(마 9:36). 그분께서는 그들 중 일부에게만 직접 사역하실 수 있는 듯했고, 빠르게 증가하는 나머지 무리에 대한 측은하심으로 이제 그분께서는 복음 전파는 물론 치유도 하도록 다른 일꾼들을 내보내시고 있다. "그분의 추수할 것"(마 9:38)은 오늘날에도 그 당시와 동일한 모습일 뿐 아니라, 그분이 여기 계셨을 때보다 훨씬 더 많다. 그리고 그분의 긍휼하심은 여전히 동일하시기 때문에, 그분은 같은 종류의 추수꾼들이 "모든 도시와 마을"(마 9:35)에서 복음 전파와 치유를 통해 같은 수확물, 또는 결실을 거두기를 원하신다.

열두 명의 새로운 일꾼들(그분의 제자들)을 통해 나타난 그분의 긍휼하심은 곧 복음 전파와 치유의 권한을 받은 칠십 명을 더 파송하게 하였다(눅 10:1-9, 17-18). 오늘날 이런 종류의 일꾼은 적지만, "추수할 것"은 그 당시보다 참으로 많다. 주님께서 "행하시며 가르치시기를"(행 1:1) 시작하신 것은 바로 그분께서 오늘날 곳곳에서 행해지고 가르쳐지기를 원하시는 것이다. 그분은 그분이 하시는 일의 현대적 관념인 뭔가를 '끝내시는' 대신에, 계속하고 증가시키겠다고 약속하신 뭔가를 '시작하고' 계셨다. 그것은 현대적 "복음"이 아니라, "이 복음"(마 24:14), 즉 그리스도께서 선포하신 복음, "온 천하에 전파되리라"(마 24:14)라고 하신 복음이었다.

그리스도의 약속의 이상한 번복

요한복음 14장 12-13절에서 예수님은 그분이 이 땅에 계실 때 많은 사람에게 베푸셨던 것과 동일한 자비와 긍휼이 그분이 하늘에서 우리의 대제사장으로 계시는 동안에도 우리의 기도를 통해 사람들에게 베풀어질 수 있음을 힘주어 가르치시고, 또 약속하셨다. 사실, 그분의 떠나심은 그분의 긍휼이 훨씬 더 넓은 범위에 나타나게 하는 길을 연 것이었다. 이사야는 그분에 대해 이렇게 예언했다. "그러므로 그분께서 높여지시리니, 이는 그분께서 너희에게 긍휼을 베풀려 하심이니라"(사 30:18). 예수님께서는 "내가 떠나가는 것이 너희에게 합당하다[유익이다]"(요 16:7)라고 말씀하셨다. 만일 그분의 떠나가심으로 병자의 치유에 그분의 긍휼을 나타내는 것이 철회되거나 변경되기라도 한다면 이 말씀은 진실이 될 수 없을 것이다.

오늘날 많은 사역자들이 기적의 시대는 지나갔다고 가르침으로써, 동일하고 더 큰 일이 이루어질 것이라고 하신 그리스도의 약속을 정면으로 번복하는 것은 이상하지 않은가? 다른 사람들은 하나님께서 그분의 독실한 자녀 가운데 일부가 그분의 영광을 위해 병든 상태로 남아 있기를 원하신다고 할 뿐 아니라, 다른 많은 전통적이고 비성경적인 사상을 가르침으로써 같은 짓을 하고 있다.

치유가 오늘날에는 옛날처럼 필요한 모든 사람을 위한 것이 아니라고 가르치는 사람들은 모두 병자를 향한 그리스도의 긍휼이 그분의 승귀 이후로 적어도 변경되었다고 사실상 가르치는 것이다. 더욱 나쁜 것은, 다른 사람들이 병자를 치유하시는 그분의 긍휼이 완전히 철회되었다고 가르치는 것이다. 어떻게 사역자가 가장 중요한 신의 속성이요, 행동하는 신성한 사랑인 하나님의 긍휼이 나타나는 것을 가리고 방해하는 입장을 취할 수 있는지 내게는 미스터리이다. 바울이 가능한 한 가장 강력하게 헌신을 호소하고 싶었을 때 "하나님의 자비하심으로 … 너희에게 간청하노니"(롬 12:1)라고 말했는데, 이는 그분의 가장 중요한 속성을 나타내는 것이다.

두 가지 중요한 질문

예수님께서는 "진리의 성령, 그가 오면 … 그가 나를 영화롭게 하리라"(요 16:13-14)라고 말씀하셨다. 성령이 병자들에게 기적의 시대는 지났다고 말하거나, 예수님 자신이 그분을 통해 우리가 그분이 하신 "일들"과 "더 큰일들"(요 14:12)을 이 시대에 하게 될 것이라고 약속하시고는, 그분의 승귀 이후로 병자에 대한 사역이 철회되었거나 변경되었다고 말하는 것으로, 그리스도를 영화롭게 할 수 있겠는가? 성령이 그리스도께서 병들고 고통받는 형제들의 대제사장이신 동안 그들에 대한 그분의 사역을 변경하는 것으로 그리스도를 영화롭게 하려고 왔는가? 이는 데가볼리에서 사람들을 치유하심으로 이스라엘의 하나님께 영광을 돌린 것과 정면으로 반하는 것이다. 만일 그렇다면, 병자들의 치유를 위해 "믿음의 기도"(약 5:15)를 하는 대신에, 환자들이 그들의 고통을 견디기 위한 불굴의 용기와 인내를 갖도록 기도하는 흔치 않은 관행이 옳은 방법일 것이다.

그분이 하늘에서 일곱 번 "귀 있는 자는 성령이 교회들에게 하시는 말씀을 들을지어다"(계 2:7,11,17,29; 3:6,13,22)라고 말씀하신 것은 그분이 우리의 대제사장이 되신 후였다. 오늘날 사람들은 성령께서 말씀하신 적이 없는 말을 많이 하고 있는데, 그것은 성령께서 말씀하시는 것과 정반대이다. 다음은 성령께서 그리스도를 영화롭게 할 목적으로 말씀하시는 몇 가지 사항이다.

그리스도는 긍휼하신 대제사장이시다

"그런 까닭에, 그분은 모든 일에서 형제들과 같아지는 것이 필요
했다. 이는 자비롭고[긍휼하고] 신실한 대제사장이 되기 위함이었
다"(히 2:17).

우리는 이 구절에서 "자비로운"으로 번역된 헬라어 형용사
엘레몬(eleemon)이 '자비로운', '긍휼한'이라는 의미로 주어
진다는 것을 이미 보았다. 이 구절은 그분의 지상 사역 중에 나
타내신 긍휼에 대해 언급한 것이 아니다. 이는 단지 그분의 하
늘에서의 사역만을 언급한 것이며, 성육신의 목적이 그분이 하
늘로 돌아가신 후 우리의 대제사장으로서 긍휼을 베푸시기 위
한 것이라는 사실만을 언급한 것이다.

"그분이 승천하신 날까지, 예수님께서 행하시며 가르치기를
시작하신 모든 일"(행 1:1-2)이 그분의 변함없는 긍휼 때문에,
그분이 떠나신 후에도 계속되고 더 커질 것이라고, 그분께서
약속하신 것이다.

그리스도께서는 우리의 연약함에 공감하신다

성령은 다음과 같이 말씀하셔서 그리스도를 더욱 영화롭게 한다.

그분께서는 지금도 "우리의 연약함에 공감[4]하신다"(히 4:15). 그분은 여전히 "동정을 베푸실 수 있다"(히 5:2). 그분은 "어제도, 오늘도, 그리고 영원히 동일하신 예수 그리스도"(히 13:8)이시다.

그분께 경배하자. 왜냐하면 그분의 긍휼하심은 오늘도 동일하기 때문이다. 그리고 그분은 우리의 온갖 연약함을 보시면서 여전히 긍휼히 여기시고, 우리를 도와주고 싶어 하시기 때문이다.

물론, 신유(神癒)를 믿지 않는 많은 그리스도인들도 더 중요한 영혼을 구원하는 사역과 관련해서는 이러한 영광스러운 감정으로 성령과 함께 '한다'는 것은 인정하며, 하나님께 감사드린다. 그러나 모든 사역자들과 그리스도인들이 기적의 시대가 지나갔다고 말하는 대신에, 성령께서 승귀하신 그리스도를 영화롭게 하는 직무를 이행하면서 나타내는 이러한 영광스러운

---

4 헬라어 sumpatheo, 히 10:34 에서 '동정하다'로 번역됨

감정을, 고통받는 사람들에게 보여주는 것을 통해서도 성령과 함께한다면 얼마나 멋진 일이겠는가? 교회는 "저편으로 지나가는"(눅 10:30-37 참조) 제사장이나 레위인이 되는 대신에, 병들고 고통받는 사람들의 신체적 요구를 긍휼함으로 보살피고, 상처를 싸매주며, 포도주와 기름(하나님의 말씀과 하나님의 성령)으로 만든 치료용 향유를 부어 주는 "선한 사마리아인"이 되라는 명을 받았다. 왜냐하면 "그분이 그분의 말씀을 보내어 그들을 고치셨기" 때문이다(시 107:20). 예수님은 서기관들과 바리새인들이 "더 중한 문제인 … 자비와 믿음을 빠뜨렸다"(마 23:23)라고 선언하셨다.

하늘에 계신 그리스도께서 긍휼을 베푸신다

사도행전 5장에는 병자를 향한 그리스도의 긍휼하심이 지상에 사셨던 때와 여전히 동일하다는 또 다른 훌륭한 증거가 있다. 5장 16절을 보면, 그분이 아버지께 올라가신 후에 예루살렘 거리로 실려 나온 사람들에 관하여 "그들이 모두 치유를 받았다"라고 되어 있다. 여기서 다시 예수님께서는 하늘에 계신 우리의 대제사장으로서 떠나가시기 전에 하신 일을 그대로 행하셨다. 하늘로부터, 그분은 긍휼을 베푸셔서 치료가 필요한 모든 사람을 고쳐주셨다.

심지어 사도행전의 마지막 장을 떠올려 보면, 멜리데 섬의 모든 사람을 치유하심으로써 하늘로부터 그분의 긍휼하심이 나타난 것을 우리는 발견한다(행 28:1-9). 그분은 우리의 대제사장이신 동안에도 그분의 긍휼하심이 너무 커서 "항상 살아 계셔서 [우리]를 위하여 중재하신다"(히 7:25).

게다가, 그분께서 영광 받으신 후에, 병자들에 대한 그분의 긍휼하심은 "교회 안에 … 앉히셔서[세우셔서]"(고전 12:28) 믿음의 은사, 기적의 은사, 그리고 그분께서 수 세기에 걸쳐 우리의 대제사장으로 계시는 동안 병자의 회복을 위한 치유의 은사를 주게 하였다(고전 12:4-11,28 참조). 그리스도의 승귀 이후, 스티븐스(W. C. Stevens) 목사의 말로 표현하면, "우리는 당연하고 '불가피하게', 우리 주님이 지상에서 직접 사역하실 때 차지했던 위치와 중요성을 그대로 갖는 '치유의 은사'를 발견한다."

평신도라도 병자를 위해 기도할 수 있다

또, 우리의 대제사장이시며 교회의 머리이신 그분으로 하여금 장로들과 심지어 평신도들에게까지 교회 시대의 "병든 자"(약 5:14)의 치유를 위해 "믿음의 기도"(약 5:15)를 하라고 명하시게 한 것은 병자들에 대한 그분의 현존하는 긍휼하심 때문이다. 이 점에 대해 스티븐스 목사는 다음과 같이 말했다.

사람들에게 생명의 말씀을 나눠주는 모든 전도자, 설교자, 저술가 및 다른 사람들은 질병 자체가 끊임없이 사람들에게 닥쳐 오는 것처럼 사람들 앞에서 이 지시(약 5:14)를 지속적으로 지켜야 한다.

경배받기에 합당하신 우리 주님께서는 지상 사역 중에도 가장 비열하고 가장 화나게 하는 원수들에게까지 그분의 긍휼이 미칠 수 있는 길을 열어 주시기 위해 어떤 희생도 치르시고 심지어 저주 자체까지도 당하셨다.

겟세마네의 피 같은 땀과 갈보리의 끔찍한 고문은 모두 그분의 무한한 긍휼의 표현일 뿐이었다. 그분은 "단호한 얼굴"로 갈보리로 가셨다(사 50:7 참조). 유다의 입맞춤으로 십자가에 못 박으려는 자들의 손에 그분이 넘겨진 후, 베드로는 대제사장의 종의 귀를 잘랐으며, 예수님께서는 원수의 귀를 고쳐주시고 베드로에게 칼을 거두라고 말씀하셨다. 이를테면, 그리스도께서는 그분을 십자가의 고통에서 벗어나게 할 열두 군단이 넘는 천사들을 기도를 통해 즉시 동원하실 수 있었을 때, 기도를 하지 않으시고, 그분의 거룩하신 영혼의 가장 자연적인 충동을 억제하심으로써, 그분의 칼을 칼집에 넣으신 것이다(마 26:53-54). 그러나 그때는 몸과 혼과 영의 온갖 욕구를 지닌 타락한 인간을 위한 심판석만 있을 뿐, 속죄소는 없었을 것이다.

우리를 위한 대속 사역에서, 그분은 아담 자손의 온갖 가능한 욕구를 예상하셨고, 인간의 욕구가 있는 모든 국면에 자비가 미칠 수 있는 길을 열어 주셨다. 그분은 그때나 지금이나 항상 현존하시는 분이시며, 평화이시며, 목자이시며, 공급자이시며, 승리자이시며, 의(義)이시며, 의사이신 그분을 필요로 하는 모든 사람에게 긍휼을 베푸신다. 이것들은 그분의 십자가의 비극으로 보장되고, 그분의 구속적 칭호로 우리에게 계시된 일곱 가지 복이다. 치유의 언약을 포함한 그분의 언약들은 그분의 자비로 인해 주어졌으며, 그분은 "그분을 사랑하고 그분의 계명을 지키는 자에게는 천대까지 그분의 언약을 지키시고 자비를 베푸신다"(신 7:9).

예수님의 마음을 슬프게 하지 않는 방법

그분의 사랑과 긍휼을 의심하거나 무시하는 것은 예수님의 마음을 슬프게 한다. 그것이 예수님을 예루살렘을 보시며 우시게 했다(눅 19:41-44). 오늘날 사역자들은 주님의 기적이 그분의 신성을 증명하는 표적일 뿐이라는 등으로 생각하면서, 지금은 기적이 '필요하지' 않다고 여러 차례 말하였다. 나는 그들에게 "만일 당신이 암으로 계속 고통받고 있다면 '당신은' 기적이 필요할 것이다. 그렇잖은가?"라고 말했다. 오늘날 대부분의 사람은 이 문제에 대해 아무것도 모르고 있어서 병자에게도 자비가 있다는 생각을 전혀 못하고 있는 것이다. 그들은 치유와 기적의 은사가 그리스도의 긍휼의 표현이라는 것, 그리고 그분께서 3년 동안 매일, 매시간 그분에게 나아오는 모든 사람을 고쳐주신 것이 '그분의 긍휼 때문'이었다고는 결코 생각하지 않는다. 오늘날 고통받는 사람들의 요구는 그 당시 사람들과 똑같지 않은가? 그리고 그들은 과거에 누군가가 그랬던 만큼의 긍휼을 필요로 하지 않는가?

죽음이 자비가 될 만큼 극심한 고통을 겪으며 절망에 빠진 셀수 없이 많은 사람들을 생각할 때, 그리고 의사들이 최선을 다한 후 "나는 당신에게 더 이상 아무것도 할 수가 없어요."라고 말할 수 밖에 없을 때, 매 순간 그리스도의 긍휼이 지상에서 사랑의 사역을 하신 3년 동안 나타났던 것과 여전히 꼭 같다는 것, 우리가 전적으로 그에 의지할 수 있다는 사실을 아는 것은 얼마나 소중한가?

우리는 몸의 치유가 아버지의 뜻을 표현하시는 분이셨던 그리스도께서 그것을 구하는 모든 사람에게 어디에서나 베푸셨던 자비임을 보았다. 그리고 우리에게는 다음과 같은 분명한 선언이 있다. 주님은 "[그분]에게 요청하는 [병자를 포함하여] 모든 자에게 자비가 풍부하시다"(시 86:5). 왜냐하면 그분의

"자비는 영원히 지속되며"(예를 들어, 대상 16:34, 시 106:1, 렘 33:11 참조) "영원부터 영원까지"(시 103:17) 이르기 때문이다. 그분은 "그분이 지으신 모든 것에"(시 145:9) 자비가 넘치신다. 이 성경 말씀이 문제를 해결한 것 아닌가? 기적의 시대는 지나갔다고 말하는 대신에, "기록되었다! 기록되었다!"라고 말하라.

제5장

몸을 치유하는 복을 얻어내는 방법

이 장에서는, 믿음의 완전한 토대를 마련하기에 충분한 내용을 이 한 장에 담을 수 있도록 앞 장에서 진술했던 몇 가지 내용을 반복하고 있다. 이는 치유를 위한 믿음의 기도가 필요한 사람들이 책 전체를 읽을 시간을 갖기 전에 도움을 받게 한 것이다.

구속적 언약의 축복인 몸의 치유를 받는 첫 단계

치유 받기를 향한 첫 단계는 구원이나 하나님이 약속하신 다른 복을 향한 첫 단계와 동일하다. 즉, 병든 사람은 성경에서 분명히 가르치고 있는 것, 곧 천수(天壽)를 다 누릴 때까지 치유하는 것이 하나님의 뜻이라는 것을 알아야 한다. 고통받는 사람 각자는 자신의 치유가 하나님의 뜻이라는 것을 하나님의 말씀을 통해 확신해야 한다. 왜냐하면 그것이 하나님의 뜻이라는 것에 대해 조금이라도 의심을 하는 한, 치유에 대한 진정한 믿음을 갖는 것이 불가능하기 때문이다.

하나님께서 주신다고 확신하지 못하는 복을 믿음으로 담대하게 요청하는 것은 불가능하다. 왜냐하면 하나님의 능력은 하나님의 뜻을 아는 데서만 요청할 수 있기 때문이다. 예를 들어, 죄인에게 그를 구원하는 것이 하나님의 뜻이라는 것을 완전히 확신시키기 전에는 죄인을 "[믿어] 의에 이르게"(롬 10:10) 하는 것이 거의 불가능할 것이다. 믿음은 하나님의 뜻을 아는 데서 시작된다. 믿음은 우리의 바람이나 소망이 아니라, 오로지 하나님의 뜻에만 의지해야 한다. 얻어내는 믿음은 하나님이 '하실 수 있다'는 것을 믿는 것이 아니라, 그분이 '하실 것'이라는 것을 믿는 믿음이다. 치유를 믿는다고 주장하면서 그것을 지지하는 말은 한마디, 반대하는 말은 열 마디 하는 자들은 치유를 위한 믿음을 낳을 수 없다.

믿음은 하나님께서 하시기를 기대하는 것이다

하나님께서 우리에게 병자를 위해 기도하라고 명하실 때, 그분께서는 우리에게 믿음으로 기도하라고 하시는 것이다. 우리가 그 문제에 대한 그분의 뜻을 알지 못한다면, 그렇게 할 수 없을 것이다. 사람이 하나님의 뜻을 알기 전까지는 믿음의 근거가 없는 것이다. 왜냐하면 믿음은, 그것을 행하는 것이 하나님의 뜻이라고 알고 있는 것을 그분께서 행하시기를 기대하는 것이기 때문이다. 우리가 믿음을 가지면, 하나님께서 그분의 뜻을 행하시게 하는 것은 어렵지 않다.

그것이 그분의 뜻이라는 것을 알 때, 그분께서 하기 원하신다고 확신하는 일을 그분이 하실 것이라고 믿는 것은 어렵지 않다. 이런 식으로, 구원받은 모든 사람은 중생이라는 훨씬 더 큰 기적을 경험한 것이다. 하나님께서 우리에게 무엇을 베풀어 주셨는지를 복음을 통해 알게 되고서야 비로소 믿음을 통해 얻어내는 것이 있을 수 있는 것이다.

하나님의 말씀을 통틀어 이보다 더 강조하여 가르치고 있는 교리가 없으니, 그것은 그리스도의 속죄를 통해 구원과 몸의 치유가 모두 베풀어졌다는 것, 그리고 그분의 것들로부터 병을 제거하고, 그분의 약속에 따라 그들의 날 수를 채우시는 것이 하나님의 뜻이라는 것이다(출 23:25-26). 레위기 14장과 15장의 예표들이 모세 율법하에서 질병이 치유된 것은 언제나 속죄를 통해서였음을 보여주듯이, 마태복음 8장 17절은 예수님께서도 속죄를 근거로 모든 질병을 고치셨다고 분명히 말씀하고 있다. 이 성경 말씀은 그리스도께서 그분에게 모여든 병자들을 고치실 때 예외를 두지 않으셨던 이유가 여러분을 포함한 아담의 모든 자손을 위해 해주신 그분의 속죄 때문이었음을 보여준다.

수많은 무리가 "그분의 말씀도 듣고 그들의 병도 고치려고"(눅 6:17) 그분께 몰려들었을 때, 그분께서 그들 모두를 고쳐주셨다는 것이 복음서 전반에 걸쳐 반복적으로 언급되고 있다(마 4:24; 12:15; 14:14; 눅 4:40; 행 10:38 참조). 그분은 예외를 두실 수 없었다. 왜냐고? 다가오는 그분의 속죄에서 "그가 우리의 연약한 것을 친히 맡으시고, 우리의 질병을 짊어지셨기" 때문이다(마 8:17). 그분이 짊어지신 것은 "우리의" 질병이기 때문에, 이 예언을 이루려면 모든 사람의 치유가 필요한 것이다. 하나님께서는 우리가 그 예언을 잘못 인용하여 우리 자신을 배제하지 않도록 세심하게 그런 말을 넣으신 것이다.

갈보리가 주는 것은 모두를 위한 것이다

영혼을 구원하고, 몸을 치유하고, 그분이 하시고자 하는 다른 모든 일을 하시는 하나님의 방법은 그분의 말씀—그분의 약속—을 보내신 후, 그것이 믿음을 낳는 데면 어디든 그 약속을 지키시는 것이다. 신유(神癒)의 절차는 본문에 명시되어 있다. "그분이 그분의 말씀을 보내시어, 그들을 고치시고, 멸망[음부]에서 구해내신다"(시 107:20). 그것은 믿는 자 안에서 "능력 있게 역사하시는 하나님의 말씀"(살전 2:13)이며, "온 육신을 건강하게 하는 것"(잠 4:22)이다.

새 드레스에 대한 어린 소녀의 믿음이 다음 토요일에 그것을 사준다는 엄마의 약속을 들음으로써 생기듯이, 치유에 대한 우리의 믿음도 그렇게 하신다는 하나님의 말씀, 곧 약속을 들음으로써 온다. 어린 소녀의 믿음과 우리의 믿음은 모두 "들음에서 난다"(롬 10:17). 그런데 그 어린 소녀는 엄마가 약속할 때까지는 새 드레스에 대한 믿음을 갖기를 기대할 수 없었고, 기대하지도 않았을 것이다. 마찬가지로, 우리도 그것을 하시겠다는 하나님의 말씀(약속)을 들음으로써 그 믿음이 오기 전까지는, 치유나 구원, 또는 다른 복에 대한 믿음을 가질 수 없으며, 기대하지도 않는다.

복음이 전파될 때까지 누가 믿음으로 의롭다 함을 얻을 수 있었으며, 복음이 전파될 때까지 누가 믿음으로 치유를 받을 수 있었는가? 사람을 "구원에 이르는 지혜"(딤후 3:15)가 있게 만들 수 있는 것은 성경이다. 우리는 치유를 기대할 근거를 갖기 전에, 몸의 창조자이자 구속자이신 분이 몸의 의사이기도 하시다는 것을 알아야 한다.

하나님의 구속적 칭호의 가치

그렇다면, 하나님께서는 그분의 말씀을 보내셔서 우리를 고치시는데(시 107:20), 그분의 구속적 언약의 칭호보다 더 그분의 말씀일 수 있는 것이 무엇이 있겠는가? 7가지 칭호가 모두, 아담의 자손인 모든 사람에게 그들을 향한 그분의 구속적 태도를 계시하려는 특별한 목적을 가지고 주어진 것인데 말이다.

그리스도께서 우리에게 "모든 창조물에게 복음을 전파하라"(막 16:15)라고 명령하실 때, 그분께서는 우리에게 구속의 '좋은 소식'을 전파하라고 하신 것이다. 그분의 7가지 구속적 칭호는 우리의 구속이 무엇을 포함하는지를 나타낸다. 그분께서는 다른 많은 칭호가 있지만 '구속적' 칭호는 일곱 개뿐이며, 이 7개 칭호는 그분이 사람을 상대로 쓰실 때 외에는 성경에서 결코 사용되지 않는다. 6개 칭호, 8개 칭호가 아니라, 완전수인 7개인 것은 그분께서 완전한 구세주이시고 그분의 구속이 인간 요구의 전체 범위에 미치기 때문이다. 이들 각 칭호에 의해 계시된 축복은 모두 속죄 안에 있다. 예를 들어, 여호와-삼마는 "주께서 거기 계신다"(겔 48:35). 또는 현재, "그리스도의 피로 가까워졌다"(엡 2:13)라는 뜻이다.

여호와-샬롬은 "주는 우리의 평화"로 번역된다. "그분이 형벌을 받음으로 우리가 평화를 누리기"(사 53:5) 때문에 평화가 속죄 안에 있는 것이다.

여호와-라아는 "주는 나의 목자"(시 23:1)라고 번역된다. 그분은 양들을 위해 자신의 생명을 버리심으로써 우리의 목자가 되셨다(요 10:11,15). 그러므로 여러분은 이 특권이 속죄 안에 있는 것을 알라.

여호와-이레는 "주가 (제물을) 주실 것이다"(창 22:8 참조). 그리스도 그분 자신이 갈보리에서 제물이 되어주셨다.

그분은 십자가 위에서 "정사와 권세를 멸하심"으로 여호와-닛시, 즉 "주는 우리의 깃발" 또는 "승리자"가 되셨다(골 2:15).

그분은 우리의 죄를 짊어지시고, 모든 죄인이 의의 선물을 받을 수 있는 길을 열어 주심으로써, 여호와-칫케누, "주는 우리의 의(義)"(렘 23:6)가 되셨다.

여호와-라파는 "나는 너희를 치료하는 주이다"(출15:26). 또는 "나는 주 너희의 의사이다"로 번역된다. 이것 또한 속죄 안에 있다. 왜냐하면 "그분께서 친히 우리의 연약함을 맡으시고 우리의 병을 짊어지셨기"(마 8:17) 때문이다.

이것으로 각각의 7가지 칭호 아래 하나님과 우리 모두의 관계를 계시할 목적으로 주어진 7가지 구속적 칭호의 목록이 갖추어졌다. 이 7가지 칭호는 모두 영구적으로 그리스도에게 속하며, 이 7가지 각각의 칭호 아래 "그분은 어제도 오늘도 그리고 영원히 동일하시다"(히 13:8). 예수님께서는 이 7가지 축복

중 어느 것이든 받기 위해 자신에게 나아오는 모든 사람에게 이렇게 말씀하신다. "내게 오는 자는 내가 결코 내쫓지 아니하리라"(요 6:37).

이것이 하나님께서 모든 피조물에게 전파되기를 원하시는 '좋은 소식'이며, 이는 모든 피조물이 "그리스도의 복음의 축복이 충만함"(롬 15:29)을 누리는 특권을 갖게 하기 위한 것이다.

내가 다시 말하지만, 그분의 구속적 칭호인 여호와-라파보다 더 "하늘에 굳게 선"(시 119:89) 하나님의 말씀은 아무것도 없다. "주의 말씀은 영원히 있기"(벧전 1:25) 때문에 어느 누구도 하나님의 "나는 여호와-라파 '이다'"를 "나는 여호와-라파 '였다'"로 바꿀 권리가 없다.

여호와-샬롬, "주 우리의 평화"는 그리스도의 구속적 칭호 중 하나이기 때문에 모든 사람은 그분으로부터 평화를 얻을 수 있는 구속적 권리를 가지고 있잖은가? 마찬가지로 모든 사람에게는 여호와-닛시로부터 승리를 얻을 수 있는 구속적 권리를 가지고 있잖은가? 모든 사람은 여호와-칫케누로부터 "의의 선물"(롬 5:17)을 얻을 수 있는 구속적 권리를 가지고 있잖은가? 등등. 그렇다면 왜 모든 사람이 여호와-라파로부터 치유를 얻을 수 있는 구속적 권리를 가지고 있지 않겠는가?

여호와-라파 칭호는 이 칭호를 처음 받은 사람들이 받아들이고 믿었기 때문에 "그의 지파 중에 약한 자가 하나도 없었다"(시 105:37). 그리고 이러한 건강 상태가 그들의 범법으로 인해 방해를 받을 때는, 그들이 회개하자마자 상징적인 속죄가 이루어졌으며, 하나님은 여전히 일부에게가 아니라 모든 사람에게 여호와-라파, 치료자이셨다. 하나님께서는 다른 모든 호칭은 물론 이 구속적 칭호가 "그들이 나으리라"(막 16:18)라는 약속과 함께 "모든 피조물에게"(막 16:15) 보내지기를 원하신다. "주께서 그들을 일으키실"(약 5:15) 것이기 때문이다.

놋 뱀은 그리스도의 예표이다

하나님은 죽어가는 이스라엘 백성들에게 "물린 자마다 그것[놋 뱀-갈보리의 예표]을 보면 살리라"(민 21:8)는 말씀을 덧붙여 보내심으로써 이 말씀을 실증하셨다. 몸의 치유가 대속을 통해 주어지지 않는다면, 죽어가던 이스라엘 사람들이 왜 몸의 치유를 위해 대속의 예표를 바라보아야 했는가? 그리스도의 예표를 들어 올림으로써 그들의 저주가 제거된 것처럼 우리의 저주도 원형이신 그리스도를 들어올림으로써 제거되었다. 그리스도를 실재하시게 하기 위해 성령이 우리에게 주어졌는데, 왜 우리는 그들이 그분의 예표를 보면서 가졌던 것과 같은 기대를 가지고 그리스도 그분을 바라보면 안 되는가?

그들은 놋 뱀과 자신의 증상을 동시에 바라볼 수 없었다는 점에 주목하는 것이 좋을 것이다. 마찬가지로, 아브라함의 믿음은 하나님의 약속을 바라보았을 때 강해졌다. 어떤 사람들은 이것을 거꾸로 하여, 자기의 증상을 바라보면서 약속을 잊어버려 믿음이 약해진다. 하나님께서는 우리 믿음의 유일한 기초인 그분의 말씀을 보내심으로써 치유하셨기 때문에, 그분의 말씀이 약속하는 것에 대한 기대를 우리의 증상이 방해하게 한다면 치유를 받지 못하게 될 것이다.

두 번째 단계

두 번째 단계는 여러분이 하나님과 올바른 관계에 있는지를 확인하는 것이다. 왜냐하면 우리의 구속의 복은 조건부이기 때문이다. 우리가 복음을 듣고 그것이 무엇을 주는지를 안 후에, 예수님께서는 "회개하고, 복음을 믿으라"(막 1:15)라고 말씀하신다. 하나님과 올바른 관계에 있는 사람만이 치유를 위한 이 지시를 따를 수 있다. 우리 몸의 치유를 구할 때 우리 영혼의 마귀와 타협을 하면 안 된다. 왜냐하면 그가 우리 질병을 만든 자이기 때문이다. 예수님은 우리가 우리 영혼에 있는 마귀의 역사에 연연하고 있는 동안에도 우리 몸에 있는 마귀의 역사를 멸하실 수는 있지만, 약속하지는 않으셨다. 우리가 마귀의 역사 가운데 더 나쁜 부분을 남겨두면서 그중 일부분을 제거하기 위해 믿음을 행사하기는 어렵다.

사람이 하나님께 순종하는 문제에 정면 대응하여 해결할 때까지는 그는 믿음의 토대 위에 있지 않다. 시편 66편 18절은 "내가 내 마음에 죄악을 품으면 주께서 듣지 않으실 것이다."라고 한다. 우리가 하나님을 향해 확신을 갖는 것은 우리 마음이 우리를 책망할 것이 없을 때이다(요일 3:21). 야고보는 "너희 잘못을 서로 고백하고 … 그러면 너희가 치유될 것이다"(약 5:16)라고 한다. 하나님의 뜻은 "네 영혼이 잘 되는 것같이 네가 잘되고 건강하기를"(요삼 1:2) 바라시는 것이다.

병자들에게 "장로들을 청하라"(약 5:14)라고 하는 명령이 처음 기록된 것은 성령이 충만했던 그리스도인들에게였다. 사람들이 복을 받기를 원하지만 복을 주시는 분을 원치는 않는다는 것, 그분의 자비는 원하지만 그분 자신을 원치는 않는다는 것은 뭔가 잘못된 것이다. 그분의 뜻은 거부하면서 그분의 자비를 구하는 것은 옳지 않다. 큰 복을 거부하면서 작은 복을 구하지 말라. 신령한 축복을 동시에 받기도 하고 거부하기도 하는 것은 불가능하다.

하나님은 바로에게 "내 백성을 보내라. 그들이 나를 섬길 수 있도록"(출 7:16)이라고 말씀하셨던 것을 사탄과 질병에게도 말씀하려고 기다리고 계신다. 더피(P.Gavin Duffy) 목사가 말했다.

"모든 일에서, 몸의 건강 회복을 구할 때 조차도, 우리가 첫 번째로
고려할 것은 하나님의 영광이어야 한다."

그분의 손에 건강을 구하려 할 때는, 하나님을 섬기는 데 필
요한 힘이 유일하고 올바른 근거이다. 치유를 위해 기름을 바
르는 것 자체가 헌신의 상징이자 표시이다.

우리는 하나님의 영광을 위해 건강을 구해야 한다. 토레이
(R.A.Torrey) 목사가 말했다.

그러면 기름부음은 무엇을 의미하는가? 레위기 8장 10-12절에서
당신은 이 문제에 대한 하나님의 답을 얻는다. "모세가 관유(灌油)
를 가져다가 성막과 그 안에 있는 모든 것에 발라 신성하게 하고"
즉 하나님을 위하여 성별(聖別)한 것이다. "주의 이름으로 기름
을 바르는"(약 5:14) 기름 부음은 헌신과 봉헌의 행위였으며, 이는
기름 부음 받은 사람 쪽에서는 그의 손은 그분을 위해 그분만을 위
해 일하려고, 그의 발은 그분과 그분만을 위해 걸으려고, 그의 눈
과 그의 입술과 그의 귀는 그분과 그분만을 위해 보고, 말하고, 들
으려고, 그의 온몸은 성령의 전이 되려고, 하나님께 완전히 내어놓
는 것이다.

"사랑하는 자여, 무엇보다도 네 영혼이 잘되는 것처럼 네가 잘되고 건강하기를 내가 바라노라"(요삼 1:2) .

성령께서는 "마귀를 대적(對敵)하라"(약 4:7)라고 말씀하시기 전에 우리 스스로 하나님께 복종하라고 말씀하신다. 왜냐하면 누구도 스스로 하나님께 복종하기 전까지는 마귀를 성공적으로 대적할 수 없기 때문이다. 마귀가 이렇게 저항을 받을 때, 그는 단지 떠나가기만 하는 것이 아니라, 문자 그대로 '달아난다'. "도망갈 것이다"(약 4:7).

신명기 28장에 열거한 다양한 질병을 포함한 저주가 사람들에게 임한 것은 그들의 순종과 섬김이 "기쁨과 즐거운 마음으로"(신 28:47) 하는 것이 아니었기 때문이다. 이 장에 언급된 질병들이 임하는 데 원인이 된 마음 상태는 질병을 제거하는 상태가 아니다. 다시 말하면, 그 당시 저주의 원인이 된 마음 상태는 오늘날 저주를 제거하기 위해 그분께 나아가는 마음 상태가 아닌 것이다.

순종하는 자에게만 주신 하나님의 약속

"여호와를 기뻐하라 그가 네 마음의 소원을 네게 이루어 주시리로다"(시 37:4). 하나님께서는 '은혜의 날'에 대한 기준을

낮추지 않으셨다. 오직 순종하는 자들, "여호와의 음성을 열심히 듣고", "그분 보시기에 바르게 행하는"(출 15:26) 자들에게만 "모든 질병을 네게서 멀리할 것이다"(신 7:15)라고 말씀하셨다. 더피(Duffy) 목사도 말했다,

> 알다시피, 믿음은 우리의 마음과 뜻이 하나님의 뜻과 목적에 연합하는 것이며, 이러한 연합이 없는 데서 결실을 얻기는 불가능하다. 이것은 '매우 중요한 영적 법칙'인데, 오늘날 우리는 이에 대해 심히 무지하다.

하나님께서는 "주를 경외하고 악에서 떠나면, '네 몸이 건강[1]해지고, 네 뼈가 튼튼하게[2] 될 것이다'"(잠 3:7-8)라고 말씀하셨다.

믿음은 언제나 순종을 의미한다. 바울은 에베소인들에게 첫 번째 계명에 순종하라면서 "이로써 네가 잘되고 땅에서 장수하리라"(엡 6:3)라고 썼다. 나아만은 하나님의 말씀에 굴복하고 순종한 후에야 치유를 받았다(왕하 5:1-14 참조).

"정직하게 행하는 자"에게는 "좋은 것을 아끼지 아니하실 것

---

1   약(藥), 히브리어

2   촉촉하게, 히브리어

이라"(시 84:11)라고 말씀하셨다. 그러므로 하나님께 무엇이든 구하기 전에 우리는 "첫째 되는 큰 계명"(마 22:38)을 따라야 한다. "너의 온 마음과 너의 온 정신과 너의 온 생각을 다하여 주 너의 하나님을 사랑하라"(마 22:37). 왜냐하면 하나님께서 "그가 나를 사랑하므로 내가 그를 구해낼 것이다"(시 91:14)라고 말씀하시기 때문이다. 그분께서는 "그분을 사랑하고 그분의 계명을 지키는 자에게 천대까지 그분의 언약을 지키시고 자비를 베푸신다"(신 7:9). 그러므로 우리도 나병환자처럼 치유를 구할 때 나아와서 그분께 경배하자(마 8:2-3).

"[지혜의] 오른손에는 장수(長壽)가 있고, 그녀의 왼손에는 부귀(富貴)가 있으니"(잠 3:16), 지혜와 결혼하면 그녀의 소유물을 얻게 된다(잠 3:13-18). 이 구절에서는 지혜가 그녀의 지배를 받게 될 모든 사람에게 두 손으로 축복을 베풀어 주는 너그러운 여왕으로 표현되고 있다.

"여호와의 눈은 온 땅을 이리저리 두루 다니시며 그 능력을 보이시는데"(대하 16:9), 그것은 "전심으로 그분에게 향하는 자들"을 위한 것이다.

"평온한 마음은 몸에 활기를 주지만 시기심은 뼈를 썩게 한다"(잠 14:30). 건전하지 않은 마음은 건강하지 않은 위장보다 더 나쁘고, 병든 정신은 병든 몸보다 더 나쁘다. 의지력에 이상

이 있으면 간에 이상이 있는 것보다 더 나쁘다. 바울은 "주님은
몸을 위하여 계신다"라고 말하기 전에 "몸은 … 주님을 위하여
있다"라고 말했다(고전 6:13).

성경은 우리가 "값을 치르고 산 것이니, 하나님의 것인 너희
몸과 너희 영으로 하나님을 영광스럽게 하라"(고전 6:20)라고
가르친다. "형제들아 내가 하나님의 자비하심으로 간청하노니,
너희 몸을 … 산 제물로 드리라. 이것이 너희의 합당한 예배이
니라"(롬 12:1). 그러므로 당신이 몸의 치유를 원한다면 그분께
당신의 몸을 바치라. 그분께서 고치시겠다고 약속하신 그분의
소유물이 된 후에야 치유가 될 것이다.

먼저 십자가로 가서 깨끗해지라

브라이언트(Bryant)는 말했다.

"병자를 위한 확실한 방법은 먼저 십자가로 가서 깨끗해지고, 그다
음 다락방으로 가서 성령의 은사를 받고, 그다음 지정된 산으로 가
서 사명을 받고, 마지막으로 위대하신 의사에게 가서 봉사할 힘을
얻는 것이다."

"예수님을 죽은 자로부터 일으키신 분의 영이 너희 안에 거하시면,

그리스도를 죽은 자로부터 일으키신 분이 너희 안에 거하시는 그분의 영을 통해 너희 죽을 몸을 또한 살아나게 하실 것이다"(롬 8:11).

"참 포도나무"(요 15:1)이신 그리스도 안에는 우리가 필요로 하는 영혼과 몸의 모든 생명이 있다. 그러나 그 포도나무와 연합하지 않고 우리가 어떻게 이 생명을 소유하고 누릴 수 있겠는가? 그분에게서 떨어져 있는 것이 아니라, 그분 안에 있어야 "너희가 완전히 갖추어진 것이다(골 2:10).

연합이 없는 대속은 우리가 포도나무의 생명을 소유하고 누리는 데 충분하지 않다. 당신에게 기적이 필요하다면 기적을 행하시는 분과 함께하라. 우리는 포도나무와 완전히 연합함으로써 포도나무의 생명을 누리는 것이다. 성령의 인도를 거부하면서 치유를 요청하는 것은, 목수가 집에 들어오는 것을 거부하면서 집을 수리해 달라고 요청하는 것과 같다.

"그분을 만지는 사람들은 모두 온전히 나았다"(마 14:36). 당신이 의구심을 가지고 그분을 만질 수는 없다. 그러므로 군중을 헤치고 가서 그분을 만졌던 여인처럼(눅 8:43-48 참조), 당신은 이기심, 불순종, 자백하지 않은 죄, 미지근함, 여론, 사람들의 전통, 신유에 반대하는 글들을 "밀쳐" 내며 헤치고 지나가야 하고—사실, 당신은 종종 복음의 이 부분을 깨우치지 못한 당신의 목사를 헤치고 지나가야 할 수도 있을 것이다—의심, 망

설임, 병증, 감정, 거짓말하는 뱀 등을 헤치고 지나가야 한다.

　우리를 위해 구속의 복을 집행하기 위해 보내진 성령은 우리의 위로자, 즉 조력자이시며, 우리가 이 모든 장애물을 헤치고 지나가 우리의 요구를 위해 그분을 만질 수 있는 곳까지 가도록 도와줄 준비가 되어 있다. 하나님께서는 우리에게 성령을 가득히 부어 주시려고 기다리고 계신다. 성령은 갈보리를 통해 제공되고, 하나님의 7가지 구속과 언약의 칭호로 우리에게 약속된 모든 복을 집행하기 위해 그리스도의 집행자로 오신다.

　그분을 만지는 사람들은 모두 온전해진다는 것은 여전히 사실이다. 우리는 어떻게 그분을 만질 수 있는가? 그분의 약속을 믿음으로써이다. 이것은 그분께서 약속하신 것을 위해 그리스도를 만지는 확실한 방법이다. 우리는 우리가 기도할 때 그분께서 우리의 기도를 들으신다고 믿고 구함으로써 그분을 만지는 것이다. 그 여인이 그분을 만졌을 때, 그녀를 온전하게 만든 것은 단순한 신체적 접촉이 아니라, 그녀의 믿음이었다(눅 8:48). 왜냐하면 "육신은 무익하고"(요 6:63) "영은 살리는 것"(고후 3:6)이기 때문이다. 그리하여 수백만의 죄인들이 중생(重生)이라는 더 큰 기적을 위해 그분을 만졌다.

단순한 접촉이 아니라 연합

그분이 지상에서 활동하실 때 병자가 그리스도를 만지고 온전해졌으므로, 참으로 그분을 만지는 것은 모든 사람의 특권이며, 그 접촉은 이제 그때보다 더 긴밀한 연합으로 우리를 그리스도와 통합시킨다. 이것은 단순한 접촉이 아니라, 포도나무와 가지처럼 실제적인 연합이다. 영적인 생명과 육체적인 생명을 모두 포함하여 포도나무 안에 있는 모든 것이 가지인 우리에게 속하는 것이다.

믿음으로 만지는 것은 이제 우리를 성령의 완전한 통제 아래로 데려갈 수 있다. 성령은 기적을 행하시는 분으로 그리스도의 지상 사역 동안에는 활동할 수가 없었는데, 이는 성령이 "아직 주어지지 않았기" 때문이다(요 7:39). 예수님은 영광을 받으신 이후 구세주이자 치유자이신 것은 결코 덜하지 않으며, '더 위대하신 분'이시다. 이제 그분을 만짐으로써 얻는 특혜는 그분이 몸소 이곳에 계셨을 때보다 훨씬 더 크다. 왜냐하면 이제 접촉을 통해 더 많은 것을 받을 수 있기 때문이다. 하나님의 우편에서는 주실 것을 더 많이 가지고 계신다. 그러므로 그분께서는 "내가 떠나가는 것이 너희에게 합당하다[유익하다]"(요 16:7)라고 말씀하셨다. 그리스도께서 성령을 보내시려고 떠나가시기 전에는 나타날 수 없었던 그분을 성령께서 나타내시려고 오시는데, 왜 이제 우리는 치유를 위해 최소한 그날 그분에게 몰려들었던 사람들만큼이라도 믿음을 가지고 그리스도에게 다가갈 수는 없는 것인가?

앞의 내용은 치유를 요청하기 전에 하나님과 올바른 관계를 맺는 것이 매우 중요함을 보여준다. 하나님과 올바른 관계를 맺는 복은 치유 그 자체보다 천 배나 더 바람직하고 즐거운 것이다. 나는 몸에 고통을 받는 사람들이 정말 행복해하는 것을 보았다. 그러나 죄인들은 완전한 건강을 누리면서도 자살할 만큼 불행해하였다.

세 번째 단계

나는 이제 치유를 '얻어내는', 즉 붙잡는 방법을 분명히 말해 보겠다. 하나님으로부터 무엇을 얻어내는 것은 체커 게임을 하는 것과 같다. 한 사람이 말을 움직인 후 상대방이 말을 움직일 때까지 그는 할 일이 아무것도 없다. 각자가 자기 차례에 말을 움직이는 것이다. 마찬가지로, 하나님께서 치유나 다른 복을 주시고 그분의 말씀을 우리에게 보내실 때는, 우리가 움직이고 나서 그분이 또 움직이실 것이다. 우리의 움직임은 그분이 우리가 기도할 때 해주겠다고 약속하신 것을 기대하는 것이다. 이는 우리로 하여금 믿음에 따라 행동하게 할 것이며, 그 후에 치유를 보게 될 것이다. 왜냐하면 치유는 다음 차례 움직임인 하나님의 움직임에서 오기 때문이다.

하나님은 결코 차례를 무시하지 않으시고, 언제나 그분의 차례가 되면 움직이신다. 노아가 "아직 보이지 않는 일에 대해 하나님의 경고를 받았을"(히 11:7) 때, 그의 움직임은 홍수가 올 것이라는 것을 믿고, 마른 땅 위에 배를 지음으로써, 믿음으로 행동한 것이었다. 그러므로 하나님께서 "모든 병자"(약 5:14)에게 "믿음의 기도는 병자를 구할 것이니, 주께서 그를 일으키실 것이다"(약 5:15)라고 말씀하실 때, 당신도 노아처럼 하나님을 통해 "아직 보지 못하는 일에 대해" 듣는 것이며, 당신의 행동은 노아와 같이 믿고 그에 따라 행동하는 것이다. 타락한 본성은 보는 것, 즉 감각에 의해 지배를 받는다. 그러나 믿음은 하나님의 순전한 말씀에 의해 지배를 받으며, 그것은 다름 아닌 하나님께서 약속하신 것을 행하실 것을 기대하는 것—그분을 정직한 분으로 여기는 것—이다.

내가 '기대'라고 하는 것은 "소망"을 의미하는 것이 아니다. 한 저술가가 잘 말했다. "우리는 가능할 '수도 있는' 것은 소망을 하지만, '분명히' 가능한 것은 의심이나 실패에 대한 두려움은 떨쳐버리고 확고한 자신감을 보이는 대망(待望)을 가지고 기대를 한다."

믿음은 결코 '보기'를 기다렸다가 믿는 것이 아니다. 왜냐하면 믿음은 "아직 보이지 않는 일들"(히 11:7)에 대하여 "듣는 것에서 오며"(롬 10:17), "보이지 않는 것들의 증거"(히 11:1)이기 때문이다. 모든 믿음의 사람에게 필요한 것은 하나님께서 말씀하셨다는 것을 아는 것이다. 이것은 영혼에 완전한 확신을 전해준다. "여호와께서 말씀하시되"가 모든 것을 해결한다. "기록되었으되"가 믿음에 필요한 전부이다.

믿음은 언제나 성벽이 무너진 후가 아니라 그 전에 양각 나팔을 부는 것이다(수 6:5,15-20 참조). 믿음은 결코 눈에 보이는 대로 판단하지 않는다. 왜냐하면 믿음은 "보이지 않는 것들의 증거"이기 때문이다. 믿음은 감각의 증거보다 훨씬 더 견고한 토대 위에 놓여 있으며, 그것은 "영원히 있는"(벧전 1:23) 하나님의 말씀이다. 우리의 감각은 우리를 속일 수 있지만, 하나님의 말씀은 결코 그렇지 않다!

어린 소녀가 다음 토요일에 새 드레스를 사준다는 약속을 받았을 때, 믿음이란 지금부터 토요일 사이에 그녀가 품고 나타내는 실제적인 기대이다. 토요일이 되어 소녀가 새 드레스를 보게 되면, 새 드레스에 대한 믿음은 멈춘다. 그런데, 진정한 믿음에는 언제나 그에 맞는 행동이 있다. 이 어린 소녀는, 자신의 믿음 때문에, 손뼉을 치며, "좋아! 좋아! 다음 토요일에는 새 드레스를 갖겠네!"라고 말하고는, 달려가서 놀이 친구들에게 자기 요청에 답을 얻었다고 말한다.

하나님은 거짓말을 하실 수가 없다

예수님은 나사로의 무덤에서 나사로가 아직 죽어 있었음에도 고개를 들어 "아버지여 내 말을 들어주신 것을 감사하나이다"(요 11:41)라고 말씀하셨다. 어린 소녀는 자신이 새 드레스를 갖게 될 것이라고 미리 공언하는 것을 두려워하지 않는다. 그리고 그녀의 놀이 친구들이 "네가 그걸 어떻게 아니?"라고 말할 때. 그녀는 "아, 엄마가 그걸 약속했어!"라고 자신 있게 대답한다. 그런데, 어린 소녀가 새 드레스를 기대하는 것보다 당신이 치유를 기대하는 것이 더 나은 이유가 있다. 왜냐하면 그 엄마는 토요일 전에 죽을 수도 있지만, 하나님은 그럴 수가 없기 때문이다. 그 엄마는 거짓말을 할 수 있지만, 하나님은 그럴 수 없다. 그 엄마의 집이 돈과 함께 불타버릴 수도 있다. 그러나 역사 속의 모든 사례에서 믿음은, 근거가 충분한 확신으로 오로지 하나님의 약속으로 생겨난 것이었으며, 어린 소녀가 "지금부터 토요일 사이"에 했던 것처럼, 그 확신을 강화해주는 눈에 보이는 어떤 것이 있기 전에 그에 따라 행동하게 하였다.

믿음은 "보이는 것을 바라보는 것이 아니다"(고후 4:18). 노아가 방주를 지을 때는 홍수가 보이지 않았다. 그리고 여호수아의 경우, 전에는 양각 나팔을 불고 큰소리를 질러 돌담이 무너진 적이 결코 없었다. 이스라엘 백성은 단지 하나님이 약속하신 것을 기대했을 뿐이다. 그리고 성벽이 아직 서 있는 동안 양각 나팔을 불음으로써 그들이 믿음에 따라 행동을 했을 때, 이는 '그들이' 움직인 것이었다. 그러고 나서, 물론, 하나님의 차례에 그분께서 움직이셨고, 성벽이 무너졌다!

히브리서 11장 전체는 믿음을 가진 각자가 "지금부터 토요일 사이"에 어떻게 행동했는지를 보여주기 위해 기록되었다. 하나님께서는 믿음의 행동을 매우 기뻐하시므로 이 '믿음 장'에 그러한 여러 사례를 상세히 열거하셨다. "믿음으로 노아는…"(7절). "믿음으로 야곱은…"(21절). "믿음으로 요셉은…"(22절). "믿음으로 모세는…"(23, 24절). "믿음으로 여리고 성이 무너졌다."(30절). 모든 것이 하나님의 약속에 반하는 것처럼 보일 때 "믿음으로 아브라함은…"(8, 17절). 사라가 "나이가 지났을 때에"(11절) 어머니가 될 수 있는 힘을 얻은 것은 (자신의 불임을 생각하지 않고) 하나님의 약속을 생각함으로써였다.

이들은 모두 오직 하나님의 말씀만을, 그분께서 약속하신 것을 기대하는 근거로 삼아 행동했다. 역사상 모든 믿음의 경우에도 마찬가지이다.

요나의 증상은 그가 물고기 배 속에 있을 때 매우 생생했고, 그는 그것을 부인하지 않고 "거짓되고 헛된 것"이라고 불렀다(욘 2:8). 다시 말해서, 하나님께서는 "그분께 부르짖는 모든 자에게 자비가 풍부하시다"(시 86:5)라는 사실을 의심하게 만드는 모든 증상은 "거짓되고 헛된 것"으로 여겨져야 한다. 요나는 "거짓되고 헛된 것을 숭상하는 자들은 자기에게 베푸신 자비를 버렸다"(욘 2:8)라고 말했다. 사탄의 말을 듣고 우리의 증상을 주시하는 대신, 우리는 그분이 보내신 말씀을 지킴으로 치유를 하는 "[하나님]과 함께 일하는 자"(고후 6:1)가 되어야 한다!

우리는 마귀가 말하는 것이 아니라, 하나님이 우리의 치유를 위해 보내주시는 말씀에 전념하여 하나님과 협력하여야 한다.

증상은 남아 있을 수도 있다

우리가 믿음에 의지하여 행동할 때라도 증상은 항상 즉시 사라지는 것은 아니다. 히스기야는 병이 치유된 후 사흘이 지나서야 여호와의 성전에 올라갈 수 있을 만큼 강해졌다(왕하 20:1-5 참조). 요한복음 4장에서 귀족은 "예수님께서 자기에게 하신 말씀을 믿었고"(요 4:50), 그의 종들을 만났을 때 그들에게 죽어가는 아들이 "낫기 시작한"(요 4:52) 때를 물었다.

성경은 "치유의 은사"와 "기적을 행하는" 은사를 구별하고 있다(고전 12:9). 그리스도께서는 사람들의 불신으로 인해 나사렛에서 '기적'을 행하실 수 없었지만 몇몇 병자는 고치셨다(막 6:1-6). 만일 모든 사람이 즉시 완벽하게 온전해진다면, 치유의 은사는 베풀 여지가 없을 것이며, 그것은 모두 기적이 될 것이다. 많은 사람이 하나님을 기적에만 국한시키려고 함으로써, 치유는 놓치고 있다. 그리스도의 약속은 "그들이 나을 것이다"(막 16:18)라는 것이지만, 그분이 "즉시"라고는 말씀하지 않으신다.

"믿음은 우리가 바라는 것들의 실상이요, 보이지 않는 것들의 증거이다"(히 11:1, Moffatt) 물론 우리는 거짓말을 하실 수 없는 하나님께서 말씀하셨기 때문에 "확신"한다. 이는 믿음의 근거로 얼마나 충분한가! 그러므로 믿음은 최고로 합리적이다. 생각 없는 많은 사람이 추측하는 것처럼, 그것은 증거 없이 믿는 것이 아니라, 가능한 최고의 증거인 "하늘에 굳게 선"(시 119:89) 하나님의 말씀 때문에 믿는 것이다. 사도 야고보는 "내가 행함으로 믿음이 무엇인지 네게 보이겠다"(약 2:18, Moffatt)라고 말했다. 그러므로 믿음은, 우리가 성경에 기록되어 있는 하나님의 선언이 절대적 진리임을 확신하고, 그에 따라 행동하는 것이다.

믿음은 합리적이면서 안전하기도 하다

무엇이 더 합리적일 수 있고, 무엇이 더 안전하고 확실할 수 있는가?

믿음은 기록된 하나님의 약속을 그분께서 우리에게 직접 주시는 메시지로 받는 것을 의미한다. 그분의 약속은 마치 그분께서 나타나셔서 우리에게 "내가 너희 기도를 들었노라"라고 말씀하신 것과 같은 의미이다. 하나님의 말씀은 우리가 그분의 약속을 믿음으로써 우리 영혼에 생명을 준 것과 똑같은 방식으로 우리 몸에 생명을 준다.

내가 아는 어떤 사람들은 40년 동안 치유를 위해 기도했지만 받지 못하다가 적절한 치유 방법을 듣자마자 곧바로 치유되기도 하였다. 우리는 그리스도께서 애써 주려고 하시는 복을 위해 40년 동안이나 일주일 동안 기도하지 않아도 된다. 그분의 긍휼하신 마음은 우리가 원하는 것보다 더 많이 우리를 치유하고 싶어 하신다. 그러나 그분께서는 우리가 "들음에서 오는 믿음"(롬 10:17)을 갖고 그 믿음에 따라 행동할 때까지 기다리고 계신다. 왜냐하면 하나님께서는 차례를 무시하고 속임수로 움직이지는 않으실 것이기 때문이다.

믿음으로 얻기

예수님이 십자가에서 우리의 죄는 물론 질병도 짊어지셨으니, 우리는 그것을 짊어질 필요가 없음을 안 후에, 다음 단계는 믿음으로 얻는 것이며, 이는 유일한 성경적 방법이다. 이 문제의 진상은, 하나님께서 2천 년 전쯤에 우리의 유산 중 이 부분을 주셨고, 그분은 기다리고 계시는—우리가 믿음으로 복을 받기를 기다리고 계시는—그분이시라는 것이다. 2천 년 전에 하나님은 "죄를 없애셨다"(히 9:26). 2천 년 전에, 하나님은 "우리 모두의 죄악을 그리스도께 담당시키셨다"(사 53:6). 2천 년 전에, "그리스도께서는 우리 연약함을 담당하시고 병을 짊어지셨다"(마 8:17). 하나님께서는 그분이 이미 주신 축복을 우리가 어떻게 얻는지 보여주기를 기다리시는 분이시다. "주님께서는 그분의 약속에 관대하여 태만한[느린] 것이 아니라, … 우리에 대해 오래 참고 계신 것이다"(벧후 3:9). 또는 웨이머스(Weymouth)가 번역한 대로, "주님께서는 그분의 약속에 대하여 지체하시는 것이 아니라 … 그분은 너희에 대해 끈기 있게 참고 계신다." 즉, 그분이 그분의 약속에 관하여 지체하시는 것이 아니라, 우리가 지체하고 있고, 그분은 우리에 대해 참고 계신 것이다.

우리들 대부분은 원래보다 5년 일찍 구원받을 수도 있었다. 하나님이 우리를 기다리게 하신 것이 아니라, 우리가 그분을 기다리게 하고 있었던 것이다. 우리의 치유도 마찬가지이다.

나중이 아니라, "기도할 때"

그런데, 마가복음 11장 24절에서 예수님은 그분의 죽으심을 통해 사신 축복을 받는 방법을 정확히 알려주신다. 우리가 필요로 하는 모든 것을 약속하시고 "너희가 원하는 것은 무엇이든, 너희가 기도할 때"라고 말씀하신다.—너희가 20년 동안 기도한 후가 아니고, 병이 나은 후가 아니고, 아직 아플 때—"너희가 기도할 때, 그것들을 받은 줄 믿으라. 그러면 그것들을 가질 것이다".

우리가 하나님께 구하는 것을 받는 조건은 우리가 기도할 때 그분이 우리의 기도에 응답하신다는 것과 그분의 약속대로 우리가 "나아질 것"을 믿는 것이다(막 16:18).

다시 말하면, 당신이 치유를 위해 기도할 때, 그리스도께서는 나사로의 무덤에 서셔서, 나사로가 무덤에서 나오는 것을 보시기 전에 "아버지여 내 말을 들어주신 것을 감사하나이다"(요 11:41)라고 말씀하셨을 때와 같이 당신의 기도가 응답받았다고 생각할 권한을 주셨다. 우리가 치유를 구할 때, 그리스도께서는, 우리가 아직 우리 기도에 대한 응답을 보기 전에, "아버지, 제 말을 들어 주셔서 감사합니다"라고 믿음으로 말하라고 하신다.

하나님의 말씀만이, 우리가 그것을 보거나 느끼기 전에, 우리 기도가 응답받았다고 믿는 근거가 될 때, 이것이 믿음이다! 누군가가 다음과 같이 썼다,

예수님은 "내가 너희에게 이른 말은 영이요 생명이니라"(요 6:63)라고 선언하셨다. 요한은 "말씀은 하나님이다"라고 말한다(요 1:1 참조). 기록된 그리스도의 말씀을 우리에게 직접 주시는 메시지로 받는 것이 믿음이다. 이것은 하나님의 말씀이 우리의 치유와 구원 모두에서 우리에게 생명이 되는 길이다. 예를 들어, 요한복음 1장 12절 말씀대로 그리스도를 믿고 영접하는 행동은 하나님께서 그분의 능력으로 우리에게 중생을 주시는 행동과 같은 것을 의미한다. 이와 같은 과정을 통해 신유(神癒)도 우리 몸에 전해지는 것이다.

실제로 또 다른 저술가는 그리스도의 옷자락을 만지고 치유를 받은 여인의 경우처럼 '믿음-사실-느낌'이 하나님께서 결코 벗어나지 않으시는 치유의 순서라고 말했다. 만일 우리가 이 순서에서 벗어나면 믿음도, 사실도, 느낌도 우리가 원하는 것처럼 되지 않을 것이다. 왜냐하면 그것들이 하나님께서 원하시는 것처럼 되지 않을 것이기 때문이다.

데살로니가전서 2장 13절에서는 하나님의 말씀이 "너희 믿는 자 가운데서 능력 있게 역사하느니라"라고 한다. 그분의 말씀이 우리로 하여금 우리 기도가 응답된다는 확신을 갖게 할

때, 우리가 아직 응답을 받기도 전에 말씀은 우리 안에서 "능력 있게" 역사하기 시작한다.

베인브리지(Harriet S. Bainbridge)는 이렇게 썼다.

> "하나님의 말씀은 그것을 그대로 받아들이는 사람들에게는 결코 역사하는 데 실패하지 않는다. 왜냐하면 그들은 자신의 경험으로 말씀의 성취에 대해 의심을 품지 않기 때문이다. … 하나님께서는 믿음에 모든 복을 주셨으며, 불신앙에 베풀어 줄 수 있는 것은 아무것도 남기지 않으셨다."

사람들이 내게 "나를 고치는 것이 하나님의 뜻인지 모르겠다"라고 말할 때, 나는 그들에게 "하나님의 약속을 지키는 것이 그분의 뜻인가?"라고 묻는다. 우리가 하나님과 올바른 관계라면, 사람들이 우리에게 약속을 할 때 하는 것보다 더 우리 자신에 대하여 생각해서는 안 된다. 우리는 "'나는' 충분한 믿음을 가지고 있는가?"라고 자문하지 말고, "그분께서는 신실하신가?"라고 물어야 한다. 그것은 우리가 어떻게 느끼는가의 문제가 아니라, 사실이 무엇인가의 문제이다. 내가 예로 들고 있는 어린 소녀가 다음날 병이 들어 아프다면, 그것은 어머니가 토요일에 그녀에게 새 드레스를 사주는 것과는 아무런 관련이 없다. 성경은 "그분의 뜻대로 무엇을 구하면 들으신다"(요일 5:14)라고 말한다. 이것이 사실인가 아닌가?

하나님은 기도에 응답하시는가?

만일 여러분이 기도에 대한 응답을 확고하게 "받은 것으로 믿고"(막 11:24) 믿음에 의지하여 행동한다면, 항상 곧 바로는 아닐지라도 여러분 모두가 치유될 것이다. 물론 당신이 천수(天壽)를 다하지 않았다면 말이다.

하나님께서는 언제나 우리가 움직인 다음에 움직이시는데, 이는 우리가 기도에 대한 응답을 보기 전에, 오로지 그분의 약속에 의해 생겨난 "완전한 확신"(히 10:22)을 가지고 행동하는 것이다. 치유는 믿음에 의한 것이고 "행함이 없는 믿음은 죽은 것"(약 2:20,26)이기 때문에, 하나님께서 치유를 시작하시는 것은 우리가 믿음에 따라 행동하기 시작하는 때이다.

우리의 믿음은 하나님을 행동하시게 한다

우리가 "믿음으로 하는 일"(살후 1:11)은 하나님을 일하시도록 한다.

그런데, 우리가 믿음으로 행동하는 데 모두 똑같은 방식으로 할 수는 없다. 열 명의 나병환자는 제사장들에게 몸을 보이려고 가다가, 치유를 받았다(눅 17:12-14 참조). 요나는 물고기 배 속에 있을 때는 아무 데도 갈 수 없었지만 물고기 배 속에 있는 동안 "내가 감사하는 목소리로 주께 제사하리이다"(욘 2:9).라고 말함으로써 믿음에 따라 행동하였다. 믿음에 따라 미리 하나님께 찬양하고 감사하는 행동을 하는 것은 역사를 통틀어 그분의 모든 복을 차지하는 그분이 정하신 방식이었다. 히브리서 13장 15절에서 우리의 감사의 제사—우리의 "찬송의 제사"—는 하나님께서 약속하셨기에 우리가 기대하는 복을 위해 미리 드려져야 한다고 가르친다.

시편 50편 14-15절에서는 "하나님께 감사의 제사를 드리며. 지존하신 이에게 네 서원을 갚으며 환난 날에 나를 부르라. 내가 너를 건지리니, 네가 나를 영화롭게 하리로다"라고 말씀한다. 여기서도 다른 곳에서처럼, 요나가 했듯이 아직 환난 가운데 있을 때 감사를 드리라고 한다. 아마도 이것이 그가 주장한 바로 그 약속이었을 것이다. "가난한 자와 궁핍한 자가 주의 이름을 찬송하게 하소서"(시 74:21). 즉, 아직 어려움에 처해 있을 때 미리 하나님을 찬양하라는 것이다. "감사함으로 그분 앞에 나아가자"(시 95:2)라는 것은, 치유를 받고 감사하며 그분 앞을 떠나라는 뜻이 아니라, 치유 받기 전에 치유에 대해 감사하며 그분께 나아오라는 의미이다. "감사함으로 그의 문에 들어가며 찬송함으로 그의 궁정에 들어가라"(시 100:4). 우리는 감사함으로 떠나기도 해야 한다, 그러나 이것은 믿음이 아니다.

믿음은 우리가 치유 받기 전에 가지고 있는 것이다. "여호와를 찾는 자는 그를 찬송할 것이라"(시 22:26). "네 성벽을 구원이라, 네 성문을 찬송이라 부를 것이다"(사 60:18). 찬송이 없다면 우리는 문이 없는 단단한 벽에 부딪히게 된다. 그러나 우리가 찬송하기 시작하면 우리는 우리 자신의 문을 열고 통과하게 된다. 성경은 이렇게 말씀한다. "기뻐하며 즐거워할지어다 여호와께서 큰일을 행하시리라"(욜 2:21). 따라서 그리스도께서 승천하신 후 제자들은 "늘 성전에서 하나님을 찬송하고 찬양하니라"(눅 24:53). 그들이 성령으로 충만한 후가 아니라 그 전이었다. "이스라엘의 나팔 부는 자들과 노래하는 자들이 소리를 높여 … 여호와를 찬송할 때에", "여호와의 영광이 … 하나님의 성전에 가득"(대하 5:13-14)하였다. "그러자 그들이 [그들의 증상도, 거짓의 아비도 아닌] 그분의 말씀을 믿었고 여호와를 찬양하는 노래를 불렀다"(시 106:12).

사탄이 당신의 찬양을 듣게 하라

당신이 거짓의 아비(사탄)의 말을 듣는 대신에, 하나님의 약속에 대한 당신의 찬양을 사탄이 듣게 하라!

"호흡이 있는 자마다 여호와를 찬양할지어다"(시 150:6). 아픈 사람도 숨은 쉰다. 다시 말하면, 당신이 아직 아픈 동안에 그분을 찬양하라. 왜냐하면 그분의 약속대로 회복될 것이기 때문이다.

"너희는 마음에 근심하지 말라"(요 14:1, 27). "아무것도 염려하지 말고 다만 모든 일에 기도와 간구로 너희 구할 것을 감사함으로 하나님께 아뢰라"(빌 4:6). "너희 염려를 다 주께 맡기라. 이는 그가 너희를 돌보심이라"(벧전 5:7).

모든 병든 그리스도인은 아픈 중에도 완전히 건강한 상태의 가장 즐거운 죄인보다 천 배는 더 행복하다.

하나님을 찬양하라. 왜냐하면 "행함이 없는 믿음은 죽은 것"(약 2:20, 26)이기 때문이다. "범사에 감사하라 이것이 그리스도 예수님 안에서 너희를 향하신 하나님의 뜻이니라."(살전 5:18) "내가 여호와를 항상 찬송하리니, 내가 그분을 찬양함이 내 입에 있으리로다"(시 34:1). 호흡이 있는 자마다 주님을 찬양하라고 명령하셨으므로, 그분을 찬양하지 않을 성경적으로 유일한 핑계는 숨이 차다는 것뿐이다. "그러므로 예수님을 통해 하나님께 찬양의 제사, 즉 그분의 이름에 감사드리는 우리 입술의 열매를 계속 드리자"(히 13:15). "찬양을 드리는 자가 나를 영화롭게 하나니"(시 50:23). "주의 자애로우심이 생명보다 나으므로 내 입술이 주를 찬양하리다"(시 63:3). 그분을 찬양하라. "여호와께 감사하는 것은 좋은 일"(시편 92:1)

이기 때문이다.

"그분의 거룩하심을 기억하며 감사하라"(시 30:4, 97:12). 그분을 찬양하라. 왜냐하면 찬양하지 않는 것은 믿음이 없는 것이고 은혜를 모르는 것을 보여주는 것이기 때문이다. 그분을 찬양하라. 왜냐하면 "찬양은 정직한 자들에게 어울리는 것"(시 33:1)이기 때문이다. 그분을 찬양하라. 왜냐하면 하나님은 그분 백성들의 찬송 가운데 거하시기 때문이다(시 22:3). 바울과 실라가 등에는 피를 흘리고 발에는 차꼬가 채워진 채 한밤중에 찬송을 불렀을 때, 하나님께서 지진으로 화답하셔서 그들을 자유하게 하셨다(행 16:22-39).

참 믿음이란, 이미 구원을 경험하고 그것을 누리고 있는 것처럼 하나님의 약속을 기뻐하는 것이다.

세 무리의 대군(大軍)이 여호사밧과 이스라엘 백성을 대적하여 일어났을 때, 이는 인간적으로 말하면 전멸을 의미했을 것인데, 레위 사람들은 그들의 기도가 응답받았다는 증거라고는 하나님의 말씀 그대로, 그것도 사람의 입을 통해 전해진 것뿐일 때인데도(대하 20:14-18), "높은 곳에서 큰 소리로"(대하 20:19) 여호와를 찬송하였다. 다음 날, 이스라엘 백성들이 전장에 나가서 "노래하고 찬송하기 시작하자"(대하 20:22), 주님께서, 그분의 차례가 되어, 움직이셔서 적군에 대해 복병을 두셨고 승리를 거두었다. (대하 20:20-27) "또 우리에게 더 확실한 예언의 말씀도 있으니"(벧후 1:19) "하나님의 거룩한 사람들이 성령의 감동을 받아서 말한 것"(벧후 1:21)이기 때문이다.

켐피스(Thomas à Kempis)가 다음과 같이 썼다.

"에덴에서 대적(大敵)이 금단의 열매를 먹는 것의 결과에 대한 하나님의 증언을 무효로 만드는 데 성공한 것처럼, 이제 그는 복음을 믿는 것의 결과에 대한 하나님의 증언을 무효로 만들려고 애쓰고 있다. 하나님께서 "네가 그것을 먹는 날에는 반드시 죽으리라"라고 말씀하신 후에, 뱀은 "너희가 결코 죽지 아니하리라"라고 말했다. 그런데 이제 하나님의 말씀이 "그들이 병자에게 손을 얹은즉 회복 '될 것'이다"라고 분명히 말하자, 같은 뱀이 그들은 회복되지 '않을 것'이라고 설득하려 애쓰고 있다. 성육신하신 진리이신 하나님의 아들보다 "거짓의 아비"를 믿는 것이 합리적인가? 구원이나 치유를 위해 하나님께 나아갈 때, 각자 뱀의 쉭쉭 소리가 하나님의 음성을 넘어서도록 할 것인지를 결정하는 것이 필수적이다."

하나님의 속삭이는 음성을 듣고 세상의 수많은 속삭임에는 주의를 기울이지 않는 귀는 복이 있도다.

당신이 치유를 위해 기름 부음을 받은 후, 사탄이 당신에게 회복되지 못할 것이라고 말할 때, 예수님께서 하신 것처럼 그에

게 "기록되었으되"(마 4:4, 7, 10)라고 말하라. "기록되었으되,
'그들이 나으리라'(막 16:18), '주께서 그를 일으키시리라'(약
5:15)"라고 말하라. 또한 야고보서의 구절에서 "주의 이름으로
기름을 부으라"(약 5:14)는 주께서 친히 당신에게 기름을 부으
신 것과 같은 의미이다. 그분께서 자신의 규례와 자신의 약속
을 지키실 것이라고 기대하라.

왜 마귀의 말을 듣는가?

마귀가 그리스도를 유혹할 때 그분의 입술에서 들은 것은
모두 "기록되었으되, … 기록되었으되, … 기록되었으되"였
다. "그러자 마귀가 그분을 떠났다"(마 4:11). 그러나 우리가 어
떤 사람들에게서 듣는 것은 모두, 마치 그리스도의 말씀이 마귀
의 말보다 덜 중요한 것처럼, "마귀가 말하기를, … 마귀가 말하
기를, … 마귀가 말하기를"이다! 그리스도의 방법은 하나님의
말씀을 인용하는 것이었는데, 그것이 마귀를 대적하는 데 가장
성공적인 방법이다. 다른 것은 시도하지 말자! "마귀에게 여지
를 주지 말라"(엡 4:27), "마귀에 대적하라. 그러면 너희로부터
도망칠 것이다"(약 4:7).

마귀에 대적하는 방법은 오직 한 가지뿐이다. 그것은 하나님
의 말씀을 확고히 믿고 그에 따라 행동하는 것이다. 우리가 하

나님의 음성보다는 다른 어떤 소리에 더 영향을 받을 때마다 우리는 치유를 위한 주님의 방법을 저버린 것이다.

당신이 의심하는 이유가 무엇인가? 죄인이 회개하고 자기 죄에 대해 용서를 구할 때 의심하지 않는 것 못지않게 당신도 의심할 이유가 없다. 당신이 구원받기를 기대했던 이유와 치유 받기를 기대하는 이유는 똑같다. 더피(Duffy)는 말했다. "당신이 그것에 대한 그분의 말씀을 가지고 있는데, 그에 따라 행동할 정도로 그것을 받아들일 수 없다면, 당신의 믿음은 아직 있어야 할 곳에서 매우 멀리 떨어져 있는 것이다."

주님의 긍휼은 믿음의 기초

참으로 믿음의 기초는 주님의 긍휼이다! 그리스도께서 우리를 질병으로부터 구속하셨으니, 그분의 사랑과 신실하심은 확실히 신뢰할 수 있다. 십자가는 믿음을 발휘하는 확실한 기반이자 완벽한 근거이다.

누군가가 다음과 같이 말했다,

"우리가 죄를 없애듯이 믿음으로 질병을 없애자. 헌신된 그리스도인은 의식적으로 잠시도 죄를 용인하지 않으려 한다. 그런데 사람들이 질병에 대해서는 얼마나 관대한가? 그들은 마귀의 역사라고 저항하는 대신에, 자신의 아픔과 고통을 어루만지고 탐닉하기까지 하려고 한다."

베인브리지(Harriet S. Bainbridge)는 본질적으로 주 예수께서 아담 자손의 죄, 고난, 육체적 고통에 대해 "다 이루었다"(요 19:30)라고 선언하셨으며, 그분께서 우리를 위해 값을 치르고 사신 위대한 구원을 깨닫고 누릴 수 있도록 우리 각자에게 성령을 선물로 주셨다고 말했다. "다 이루었다"라는 그리스도의 말씀이 변할 수 없는 사실에 대한 문자 그대로의 진술임을 의심하지 않고 믿는 것은 언제나 구원을 가져온다.

하와로 하여금 하나님께서 그녀에게 분명히 하신 말씀을 잊어버리고 무시하게 만들었듯이, 뱀은 그리스도의 이 위대한 말씀을 여전히 부정하여 우리에게 큰 손해를 끼치고 있다. 우리가 질병으로부터의 구속이 실제로 십자가에 못 박히신 주님의 몸 안에서 이루어졌다는 것을 깨닫고, 이 문제에 관해 기록된 그분의 말씀에서 그분이 선언하신 것을 진심으로 믿고 받아들일 때, 성령께서는 우리로 하여금 우리의 의사로서의 그리스도를 개인적으로 체험하게 해주신다.

오늘날 하나님을 믿은 결과

　이러한 지침을 따름으로써, 이전에 기적의 시대는 지나갔다느니, 하나님께서는 그분의 영광을 위해 사람들이 병든 채 남아 있기를 원하신다느니, 기타 등등이라고 배웠던 수천 명의 사람들이 건강함을 얻게 되었다. 맹인으로 태어난 사람들이 지금은 보고 있고, 태어날 때부터 귀먹고 말 못 하던 사람들이 지금은 듣고 말하고 있다. 태어날 때부터 불구였던 사람들이 지금은 완전히 온전해졌다. 수년간 간질을 앓던 사람들이 지금은 자유로워져 기뻐하고 있다. 암으로 죽어가던 많은 사람이 지금은 건강해졌으며 다른 사람들의 치유를 위해 믿음의 기도를 하고 있다. 더욱이, "하나님은 사람 차별을 하지 않으신다[3]"(행 10:34). 성경은 말씀한다. "그러므로 누구든지 이런 것[죄악]에서 자신을 깨끗하게 하면 귀히 쓰는 그릇이 되어, 정결하고, 주인이 쓰기에 합당하며, 모든 선한 일에 준비가 되리라"(딤후 2:21). 우리가 병들어 누워 있는 동안에는 "모든 선한 일에 준비가 될" 수 없다. 하나님의 새 언약은 우리 각자가 "모든 선한 일에 온전하게 되어 그분의 뜻을 행하게"(히 13:21) 될 것이라고 한다. 다시 말하지만, 우리가 아픈 동안에는 그럴 수가 없다. 이것은 우리를 낫게 하려는 그분의 의지, 사실상 그분의 열의를 보여준다. 그분은 그분의 약속대로 우리의 질병을 없애고(출 23:25),

---

3　편파성을 보이지 않으신다, 헬라어

"[우리의] 날수"(출 23:26)를 채워주지 않으시면 우리와의 언약을 지키실 수가 없다.

"그분이 채찍에 맞음으로 우리가 치유를 받았"(사 53:5)으므로 우리의 치유의 대가가 무엇인지 잊지 말자. 그러나 감사와 사랑과 하나님께 대한 헌신적인 봉사로 그분의 약속에 의지하여 우리 고통의 벽이 무너져 쓰러질 때까지 믿음과 감사의 "양각 나팔을 불자."

믿음은 벽이 무너지기를 기다리지 않고, 믿음은 고함을 질러 그것들을 무너뜨린다!

제6장

바울의 "가시"는 무엇이었나?

내가 많은 계시를 받았다고 지나치게 교만해지지 않도록 내 육신에 가시를 주셨는데, 이는 내가 지나치게 교만해지지 않도록 나를 때리는 사탄의 사자입니다. 나는 이것을 내게서 떠나게 해달라고 주님께 세 차례 간청했습니다. 그러자 주님께서 내게 말씀하셨습니다. "내 은혜가 네게 충분하다. 내 힘은 약한 가운데 완전하게 해주기 때문이다." 그래서 나는 내 약함을 오히려 기꺼이 자랑할 것입니다. 그리스도의 능력이 내게 머물도록 말입니다. 그러므로 나는 그리스도를 위하여 겪는 약함과 비난과 궁핍과 박해와 고통을 즐깁니다. 내가 약한 그때 강해지기 때문입니다(고후 12:7-10).

치유 사역에 대해 오늘날 제기되는 가장 일반적인 반대 이유 중 하나는 바울의 "육신에 있는 가시"이다. 한 가지 전통적인 생각이 또 다른 생각으로 이어진 것이다. 하나님은 질병을 만드신 분이며, 그분은 가장 독실한 자녀 가운데 일부가 병든 상태로 남아 강인함과 인내심을 보여줌으로써, 그분께 영광 돌리기를 바라신다는 널리 퍼진 가르침에서, 바울이 하나님께서 치료를 거부하신 병에 걸렸다는 생각으로 이어진 것이 틀림없다. 나는 치유 문제에 관해 하나님께서 하신 모든 말씀을 읽는 데 시간을 들인 사람이라면 결코 그런 결론을 내릴 수 없으리라 믿는다.

똑같이 독실한 사람들이 이 점뿐만 아니라 신유(神癒) 전체 문제에 대해서도 상반된 견해를 가질 수 있다는 것을 나는 즉각 인정한다. 그것은 단지 연구와 조사의 문제일 뿐이다. 기적의 시대는 지나갔다고 가르쳐온 많은 선한 사람들이 성경을 읽으면서 치유에 관한 성경의 가르침이 오늘날에는 해당되지 않는다고 믿고 생각 없이 지나쳤다. 나를 반대하는 말을 하고 글을 쓴 거의 모든 사람이 내 이름을 밝히고 나를 뒤쫓기를 주저하지 않았다. 그러나 그들은 내가 이 주제에 대해 설교하면서 제시한 성경적 논거에 결코 답하려고 한 적이 없다. 나는 그들의 이름은 언급하지 않은 채 사람들 앞에서 그들의 진술을 세심하게 읽고 성경을 인용하여 답을 하였다. 내가 "육과 혈"(엡 6:12)에 맞서 싸우고 있다면, 나는 그들의 이름을 부르고 "복수심으로" 그들을 뒤쫓을 것이다. 그러나 이는 그리스도인다운 것이 아닐 것이다. 나는 하나님의 종들에게서 손을 떼고(대상 16:22; 시 105:15 참조) 그분께서 나 대신 나의 싸움을 하시게 하고 싶다.

한 사역자의 터무니없는 해설

바울의 "가시"라는 주제를 고찰하기 전에, 뉴욕의 한 저명한 성직자가 한 설교의 필사본에서 인용한 내용을 보자. 그는 또한 그 설교를 수정하여 대량으로 인쇄하여 우리 부흥회 장소 근처의 모든 가정에 배포하였다. 치유에 관한 우리의 가르침을 상쇄시키기 위해서였다. 그는 우리를 본 적도 들은 적도 없었기 때문에 실제로 우리에 대해 아는 것이 전혀 없었다. 여러 가지 말을 하는 가운데, 그는 다음과 같이 말했다.

사실은 바울이 아팠다는 것입니다. 그는 '사람 가운데 가장 아픈 사람'이었습니다. 그는 동양의 질병 중 최악의 고통스러운 질병 가운데 하나를 가지고 있었습니다. 그는 눈병인 안질을 가지고 있었습니다. 그가 그 병을 가지고 있었다는 증거는 강력합니다. 그는 우리에게 "육신에 가시"를 가지고 있다고 말합니다. … 바울이 사람들 앞에 섰을 때 그의 눈은 형언하기 어려운 몹시 고약한 모습의 물질인 고름이 가득 차 그의 얼굴에 흘러내리고 있었습니다. … 안질 있는 사람의 눈이 그렇듯이, 그들 앞에 서 있는 그의 눈이 가련하고 애처롭게 보이지 않았으면, 왜 그들이 자기 눈을 파주고 싶다고까지 했겠습니까? 이 병의 특별한 고통은 눈에 "말뚝"을 박은 것 같다는 것입니다. 바울이 병자였다는 것은 논란의 여지가 없습니다. 그 자신도 그렇게 말합니다. 바울은 감염으로 인해 이 질병에 걸린 것이 아닙니다. 그가 그 병에 어떻게 걸렸습니까? 예수 그리스도께서 그에게 그 병을 주셨습니다. 바울은 아프고 싶지 않았습니다. 그는 주님께 이 병을 고쳐 달라고 기도했습니다. 그는 한두 번이 아니고, 세 번이나 기도했습니다. 그는 기도에 응답을 받지 못했습니다. 온갖 기도에도 불구하고 그는 치유를 받지 못했습니다. 그가 세 번 드린 기도는 그에게 낫기는커녕 치유의 기미조차 가져다주지 않았습니다. 그게 전부가 아닙니다. 주님은 바울에게 매우 놀라운 말씀을 하셨습니다. 그분은 "내 은혜가 네게 족하다"라고 말씀하셨습니다. 그분은 바울에게 건강한 것보다 아픈 것이 낫다고 말씀하십니다. 그분은 바울이 낫지 않는 것이 하나님의 뜻이라고 말씀하십니다. … 그분은 바울에게 안질과 병이 없을 때보다 있을 때 하나님의 능력이 그 안에서 그를 통해 더 잘 작용할 수 있고 또 작용할 것이라고 말씀하십니다. … 바울이 그의 병약함과 그가 낫지 않을 것이라는 주님의 뜻과 관련하여 주님에게 그가 무엇이라고 응답하는지 들어보십시오. "그러므로 나는 내 병약함을 오히려 기꺼이 자랑하리니, 이는 그리스도의 능력이 내게 머물게 하려 함이라." 여기서 바울은 이렇게 말하고 있습니다. "나는 내 안질을 자랑하겠다. 내 눈에는 역겨운 분비물이 가득할 수도 있다. 나는 동정의 대상일 수도 있다. 괜찮다. 나는 그것을 자랑하겠다. 나는 내 병을 즐기겠다." … 주님께서는 사도의 떨리는 육신과 괴로운 고통 속에서 이 말도 안 되는 교리, 그리스도의 십자가를 육체적 치유의 중심으로 '억지로' 변질시키는 데 반대하여 그분의 신성한 항변을 기록하셨다.

이 점에 관한 우리 형제의 주장에 답하면서, 나는 먼저 "육신에 가시"라는 표현이 구약과 신약 모두에서 단지 예시로만 사용된다는 점을 말하고 싶다. '육신에 가시'라는 상징이 성경에서 병의 상징으로 사용된 사례는 단 한 번도 없다. 우리가 보겠지만, 성경 전체에서 "육신에 가시"라는 표현이 사용될 때마다 그것이 구체적으로 무엇인지 정확히 나타나 있다. 예를 들어, 민수기 33장 55절에서 모세는 이스라엘 자손이 가나안 땅에 들어가기 전에 그들에게 이렇게 말했다.

> "너희가 만일 그 땅의 원주민을 너희 앞에서 몰아내지 아니하면, 너희가 남겨둔 자들이 너희 눈에 찌르는 것들과 너희 옆구리에 가시들이 되어 너희가 거주하는 땅에서 너희를 괴롭게 할 것이요."

여기서 성경 스스로 이스라엘 백성들의 "눈에 찌르는 것들"과 "옆구리의 가시들"은 가나안 주민들이지, 눈병이나 질병이 아니었음을 우리에게 분명히 말하고 있다. 일부 설교자들은 바울의 "가시"가 몸의 고통이었음이 틀림없다고 주장한다. 왜냐하면 바울이 "가시"가 "육신에" 있다고 말했기 때문이다. 내 대답은 이 이스라엘인들의 경우에 성경에서 "너희 눈에 찌르는 것들"과 "너희 옆구리에 가시들"이라는 단어를 사용하고 있지만, 이것이 하나님께서 가나안 사람들을 그들의 눈과 옆구리에 박으신다는 뜻은 아니라는 것이다. 육신에 박힌 가시가 괴롭게 하는 것처럼 가나안 사람들을 그대로 놔두면 이스라엘 자손들에게 끊임없는 골칫거리가 될 것임을 보여주시기 위한 예시일 뿐이다.

가나안 사람들은 이스라엘에 가시

8년 후에, 여호수아는 또 가나안의 이방 민족들에 관해 말했다. "그들이…너희 옆구리에 채찍이 되며 너희 눈에 가시가 되리라"(수 23:13). 그래서 우리는 "그들의 옆구리에 채찍과 그들의 눈에 가시"가 가나안 사람들이지 눈의 상처나 옆구리의 상처가 아님을 다시 알 수 있다. 다른 모든 경우와 마찬가지로, "가시"가 무엇인지 여기서도 분명히 나타나 있다.

다윗의 마지막 말 중에 "벨리알의 자손들은 모두 다 가시 같을 것이다"(삼하 23:6)라는 말씀이 있다. 이 모든 경우, 예외 없이 '가시'는 성격이다. 이들 각각의 예에서 "가시"가 무엇인지 분명히 나타나 있듯이, 바울도 자신의 "가시"가 무엇인지 분명히 말했다. 그는 그것이 "사탄의 사자[1]"(고후 12:7), 또는 다른 사람들이 번역한 대로 "마귀의 천사", "사탄의 천사" 등이라고 말했다. 헬라어 앙겔로스(angelos)라는 단어는 성경에 188번 나타나는데, "천사"로 번역된 것이 181번, "사자"로 번역된 것이 7번이다. 성경 전체에서 188번 모두 단 하나의 예외도 없

---

1   천사, 헬라어

이 모든 경우에 그것은 사람이지 사물이 아니다. 지옥은 "마귀와 그의 천사들[또는 사자들]을 위해" 만들어졌으며(마 25:41), 천사나 사자는 항상 한 사람이 다른 사람에게 보내는 사람이지 결코 질병이 아니다.

바울의 가시와 사탄의 천사

바울은 그의 "가시"가 사탄의 천사라고 말할 뿐만 아니라, 그 천사가 무엇을 하려 왔는지도 말해준다.: "나를 때리려고" 또는 로더햄(Rotherham)이 번역하는 것처럼 "그가 나를 때릴 수 있도록"(Emphasized Bible). 이제 "buffet(때리다)"라는 단어는 그리스도와 그분의 제자들이 호수를 건너가는데 보트를 파도가 때렸을 때(막 4:37), 그리고 대제사장과 공회원들이 그리스도를 때렸을 때(마 26:67; 막 14:65)처럼 "때리고 또 때리는" 것을 뜻한다. 따라서 웨이머스(Weymouth)는 "사탄의 천사가 나를 괴롭히려고 [타격을 가하고 또 가하는 것]"라고 번역한다. buffeting이 반복적인 타격을 의미하기 때문에, 바울을 때리는 것이 질병이라면, buffeting이라고 불리기 위해서는 많은 질병이 있어야 했거나, 같은 질병이 반복되어야 했을 것이다. 그가 사이사이에 낫지 않고서야 어떻게 질병들이 여러 차례 반복될 수 있었겠는가?

이 사자 또는 천사에 대해 말하는 데 있어, 로더햄의 번역은 대명사 "그(He)"를 사용하고, 웨이머스의 번역은 다음과 같이 말한다. "이에 관하여, 그가(He) 내게서 떠나게 해달라고 주님께 세 차례나 간청했다." 이 두 번역이 모두 바울의 가시에 대해 말할 때 인칭 대명사 '그(He)'를 사용한다. 그래서 이들 두 대명사는 물론 "천사" 또는 "사자"라는 단어도 바울의 가시가 그 자신이 분명히 보여준 것처럼 질병이 아닌 사탄의 존재였음을 입증하고 있다. 안질이나 어떤 다른 질병에 대해 말할 때 인칭 대명사인 'he'를 사용할 수는 없었을 것이다. 왜냐하면 안질에는 성별이 없기 때문이다. 내가 어떤 사람에게 그의 암이 어떤지 묻는다고 가정하고, 그 사람이 "그는(He) 훨씬 더 심하고, 나는 몹시 고통받고 있어요."라고 대답하는 것을 들으면, 어떤 생각이 들겠는가? 그러면, 바울이 그의 가시는 그를 괴롭히기 위해 사탄이 보낸 천사라고 분명하게 밝혔는데, 사탄이 보낸 악령이 그가 어디에 가든지 그를 괴롭힌다. 왜 '우리가' 그것을 어떤 다른 것이라고 말해야 하는가?

바울의 고통

바울이 회심한 직후 하나님은 아나니아에게 "내 이름을 위하여 그가 얼마나 큰일을 겪어야 할지를 내가 그에게 보일 것이다"(행 9:16)라고 말씀하셨다. – 병을 통해서가 아니라, 바울이

스스로 저질렀다고 열거한 박해를 통해서…. 바울은 그리스도 인들을 곳곳에서 박해했었고, 이제 그 자신이 그 못지않게 큰 박해를 겪기 시작하고 있었다. 사탄의 천사에 의해 유발된 괴롭힘을 일일이 열거한 바울은 말을 이어갔다. "그러므로 내가 그리스도를 위하여 약함과 비난과 궁핍과 박해와 고통을 즐긴다. 이는 내가 약한 그때 강해지기 때문이다"(고후 12:10)라고 말했다. 바울이 제일 먼저 '약함'을 언급한 것은, 그가 자신의 힘으로 사탄의 사자에 저항하여 '비난', '궁핍', '박해', '고통', 그리고 기타 그가 다른 곳(고후 11:24-27)에서 나열한 괴롭힘을 이겨내기에는 약하고 무능하다는 것을 그가 깨달았고, 모든 그리스도인이 깨달아야 하기 때문이다. 이 때문에 그는 그토록 가혹하고 갖가지 방법으로 자신을 괴롭히는 "그를"(사자) 없애 달라고 주님께 세 차례 간청하였다. 그리스도께서는 그가 세 차례 반복한 기도에 대해 사탄의 사자를 없애는 것으로 응답하신 것이 아니라, "['속' 사람을 위한] 내 은혜가 네게 충분하다: 내 힘은 약한 가운데 완전하게 해주기 때문이다"라고 말씀하셨다.

바울은 하나님의 은혜가 이 모든 일을 감당할 수 있는 힘을 얻기에 충분하다는 것을 알았을 때, "그래서 나는 내 허약함 [약함]을 오히려 기꺼이 자랑할 것이다. 그리스도의 능력이 내게 머물도록 … 내가 약한 그때 강해지기 때문이다."라고 외쳤다. 만일 바울이 약한 채 남겨졌거나, 바울이 실제로 그리스도의 힘을 받아 육체적인 것이든, 영적인 것이든, 그 약한 것을 없애지 않았다면, 그리스도의 힘이 바울을 약한 가운데 완전하게 해주었다는 것이 어떻게 사실일 수 있겠는가? 하나님의 힘이 그에게 주어지지 않고서야 사람이 육체적으로나 영적으로 약할 때 강해지겠는가?

바울은 그에게 주어진 하나님의 은혜가 그의 바로 그 괴롭힘, 그의 투옥마저도 합력하여 선을 이루게 하고(롬 8:28), "복음의 진전"(빌 1:12)이 되게 만들었다는 것을 알았다.

자신이 약함을 가장 많이 의식할 때 하나님의 능력이 최고도로 그에게 머문다는 것, 또는 그가 의식적으로 가장 약해질 때, 자신의 힘이 아니라 하나님의 힘에 의존하기 때문에, 가장 강하다는 것을 하나님의 종이라면 한 번 이상은 배우지 않았는가?

은혜는 육체적 허약함이 아니라, 영적 허약함을 위한 것

바울은 "우리의 죽을 육신에 나타나게 만들려는" 것은 "예수님의 생명"이라고 분명히 가르쳤다(고후 4:11). 그러나 성경 어디에서도 하나님께서 우리 '몸'에 '은혜'를 베푸신다고 말씀하고 있지 않다. 은혜라는 바로 그 단어가 도움이 필요한 사람은 "속사람"이라는 것을 보여준다. 왜냐하면 하나님의 은혜는 오직, 바울이 자기의 경우에 "날로 새로워진다"(고후 4:16)라고 말한 "속에 있는 사람"에게만 전해지기 때문이다. 다른 말로 하면, 은혜는 영적인 허약함을 위한 것이지, 육체적인 허약함을 위한 것이 아니라는 것이다.

구약성경에는 "너희 눈에 찌르는 것, 너희 옆구리에 가시"(민 33:55)라는 용어가 사용되었지만, 가나안 사람들이 이스라엘 사람들의 몸에 육체적인 질병이나 허약함을 가한다는 의미에서의 골칫거리는 아니었다. 괴롭히는 가나안 사람들이 이스라엘 사람들의 몸 밖에 있었던 것처럼 사탄의 천사도 바울의 몸밖에 있었다. 분명히 사도는 그의 몸속에 거하는 마귀가 없었기 때문이다. 하나님의 은혜와 자비는 언제나 우리가 박해와 시험을 견딜 수 있게 베풀어지지만, 그분이 우리를 위해 짊어지신 우리의 죄와 병을 견딜 수 있게 베풀어지는 것은 아니다. 하나님께서는 그리스도인들로부터 그들의 '외적인' 괴롭힘과 고통과 시험을 제거해 주시겠다고 약속하신 적이 결코 없다. 그분은 우리가 그것들을 견디어내도록 은혜를 주신다. 그러나 역사를 통틀어, 그분은 우리의 죄뿐만 아니라, 마귀가 주는 '정신적' 또는 육체적 고난을 제거해 주시려고 항상 준비하고 계셨다.

"하나님이 그분과 함께 계셨음이라"

예수님께서는 "두루 다니시며 선한 일을 행하시고 마귀에게 짓눌린 모든 사람을 고치셨으니 이는 하나님이 그분과 함께하셨음이라"(행 10:38). 하나님께서는 우리에게 "무릇 그리스도 예수 안에서 경건하게 살고자 하는 자는 박해를 받으리라"(딤후 3:12)라고 말씀하셨지만, 오늘날 많은 사람이 가지고 있는 비성경적인 견해대로, "그들이 병든 채 있을 것이다."라고 말씀하신 적은 결코 없다. 이 견해는 모든 성경적 선례를 부정하는 것이다. 틀림없이 바울은 구약성경을 읽은 데서 "육신에 가시"라는 표현을 취하였을 것이다. 그리고 그 용어는 그들의 몸이 아니라 그들의 외적인 골칫거리를 나타낸 것이었기 때문에 그는 자신의 괴로움을 나타내기 위해 그 표현을 사용하였다.

만일 바울이 본문 구절에서 말한 "허약함[약함]"이 육체적인 것이고, 위에서 인용한 성직자의 말대로 바울이 "사람 가운데 가장 아픈 자"였다면, 하나님께서 그에게 힘을 주시어 그 가시를 제거하지 않으셨는데, 어떻게 그가 "그들 모두보다 더 많이"(고전 15:10) 수고할 수 있었겠는가? 만약 사람 가운데 가장 아픈 사람이 건강한 사람보다 더 많은 일을 해낼 수 있다면, 우리도 하나님을 위해 더 많은 일을 할 수 있도록 질병을 달라고 기도하자.

하나님의 능력이 "[그의] 약한 가운데 완전하게 해주심"을 깨달은 후에, 바울은 자신의 "약함"뿐만 아니라, 그가 말한 "비난", "궁핍", "박해", "고통" 등의 괴로움 가운데서도 즐길 수 있었다. 다른 것들 중에 재정적 괴로움을 의미하는 "궁핍"을 말한 것에 주목하라. 그가 1년 전에 쓴 고린도 사람들에게 보낸 첫 번째 편지에서도 이를 언급했었다. 그는 "바로 이 시간까지도 우리는 굶주리고 목마르며 헐벗고 매 맞으며 일정한 거처도 없도다"(고전 4:11)라고 말했는데, 이는 괴로움에 대한 바울의 생각이 영구적인 질병이 아님을 보여준다.

바울은 자신의 괴로움을 열거했다

만일 바울의 가시가 그가 이 구절에서 언급하지 않은 안질 즉 아픈 눈이었다면, 그가 언급'했던' 비난 등등 대신에 왜 후자 아닌 전자를 즐긴다고 말하지 않았는가? 이곳뿐 아니라 고린도 사람들에게 보낸 두 번째 편지의 다른 곳에서도 바울은 사탄의 천사에 의해 유발된 괴로움을 상세히 열거하였다. 본문에 언급된 비난, 궁핍, 박해, 고통에 더하여, 그는 6장에서 "매 맞음", "갇힘", "난동", "수고로움", "자지 못함", "먹지 못함"(고후 6:5)을 언급했다, "불명예", "치욕", "나쁜 평판"(고후 6:8), "죽어가는 것 같으나, 보라, 살아 있으며. 벌을 받는 것 같으나 죽임을 당하지 않고, 슬픈 듯하나 항상 기뻐하고, 가난한 것 같으나 많은 사람을 부요하게 하고, 아무것도 없는 것 같으나 모든 것을 가지고 있다"(고후 6:9-10). 그리고 11장에서는 이렇게 말한다,

"매도 수없이 맞고, 감옥에도 더 자주 갔으며, 여러 번 죽을 뻔하였다. 유대인들에게 사십에서 하나 감한 채찍질을 다섯 차례 맞았으며, 세 번 매를 맞고, 한 번 돌로 맞고, 세 번 파선을 당하고, 하루 밤낮을 바다에 빠져 있었으며, 자주 여행하면서 물의 위험과 강도의 위험과 동족들에 의한 위험과 이방인들에 의한 위험과 도시에서의 위험과 광야에서의 위험과 바다에서의 위험과 거짓 형제들의 위험을 당하였으며, 지치고 고통스러웠으며, 잠을 못 잘 때가 잦았고, 배고프고 목마르고, 자주 굶었으며, 춥고 헐벗었다"(고후 11:23-27).

고린도전서 4장에서 바울은 또한 그가 "비난을 받고" "박해를 받고"(고전 4:12), "모욕을 당하고"(고전 4:13), "지금까지 세상의 쓰레기 ⋯ 만물의 찌꺼기처럼 되었다"(고전 4:15)라고 말했다.

숙고해 볼 만한 질문

이 모든 고통이 사탄의 천사 말고 누구의 책임이겠는가? 이 것들을 열거하면서, 바울은 병, 즉 안질을 제외하고는 사람이 생각할 수 있는 거의 모든 것을 언급했음을 알 수 있다. 그가 언급하지 않은 한 가지, 그것이 없어 눈에 띄는 것, 전통이 붙잡고 말하는 것이 그의 가시이다. 왜 이 반대자들은 바울이 언급'했던' 이 모든 괴로움을 그가 어느 것도 언급하지 않은 "아픈 눈"
이나 "병"으로 대체하는 것인가?

비록 많은 선량한 사람들이 믿고 있지만, 한 저술가는 바울의
'육신에 가시'와 관련된 이 널리 퍼진 성경의 왜곡은 분명히 사
탄에게서 영감을 받은 것이라고 평했다. 왜냐하면 그것이 인간
의 몸에 고통을 주고 괴롭히는 그의 악한 일을 계속하도록 그
에게 특권을 주기 때문이다.

치유는 복음의 필수적인 요소인데, 바울은 그렇게 계속 아픈
가운데 어떻게 "복음의 충만한 복"(롬 15:29)을 누릴 수 있었는
가? 치유는 복음의 복의 일부가 아닌가? 심지어 성공회 치유위
원회를 구성하는 보수적인 학자들조차도 "몸의 치유가 복음의
필수 요소"라는 데 동의한다.

우리 형제가 안질에 고통받던 바울이 "사람 중에 가장 아픈
사람"이었다고 말한 것이 옳다고 가정해 보자. 에베소인들이
바울의 눈에서 고름이 흐르는 것을 보고, 하나님께서 그를 고
치려 하지 않으시는 것을 알았을 때, 이 광경이 그들에게 "특별
한 기적"이 그들을 위해 행해질 것이라는 믿음을 주었다는 것
이 이상하지 않은가? 성경에서 이렇게 말하고 있기 때문이다.

"하나님이 바울의 손으로 놀라운 능력을 행하게 하시니, 심지어 사

람들이 바울의 몸에서 손수건이나 앞치마를 가져다가 병든 사람에게 얹으면, 그 병이 떠나고, 악귀도 나가더라"(행 19:11-12).

성경은 이 "가장 아픈" 사도 외에 누구와 관련해서도 특별한 기적에 대해 결코 이야기한 적이 없다. 오늘날, 안질을 앓고 있는 사람에게서 손수건을 가져온다면, 우리는 병자에게 치유를 위해 손수건을 얹어 놓는 것이 아니라, 감염증이 퍼지는 것을 막기 위해 태워버릴 것이다.

루스드라의 불구자의 사례

루스드라의 이방인 불구자가 바울이 "복음"(행 14:7)을 전하는 것을 듣고 "역겨운 분비물"이 있는 바울의 눈을 언뜻 보았을 때, 그 광경이 즉시 그에게 평생 처음으로 걸을 수 있다는 믿음을 주었고, 그러자 바울이 "그가 치유 받을 만한 믿음이 있다는 것을 알고, 큰 소리로 발을 딛고 똑바로 서라고 말하자, 그 사람이 벌떡 일어나 걸었다"(행 14:9-10)라는 것도 이상하지 않은가? 이 이방인 불구자는, 하나님께서 "고침 받지 않기를" 바라시는, "사람 가운데 가장 아픈 사람"으로부터 복음을 듣기 전까지는, 결코 기적을 목격한 적도, 복음이 전해지는 것을 들어본 적도 없었다.

게다가, 놀랍지 않은가, "형언하기 어려운, 몹시 고약한 모습의 물질인 고름이 그의 얼굴에 흘러내리고 있는" "사람 가운데 가장 아픈 사람", "동양의 질병 중에 최악의 가장 고통스러운 병"으로 고통받고 있는, "사람들이 보기에 가련하고 애처로운", 그리고 "예수 그리스도께서 그것을 그에게 주셨고" "그가 낫지 아니하는 것이 하나님의 뜻이다"라고 말씀하셨을 때, 바울이 어떻게, 거듭 말하지만, 이런 상태의 바울이 어떻게 "말과 행동으로, 강력한 표적과 이적을 통해, 하나님의 성령의 능력으로 … 예루살렘으로부터 일루리곤 일대까지 이방인들을 순종하게"(롬 15:18-19) 할 수 있었는지 놀랍지 않은가? 게다가, 멜리데 섬에서, "하나님의 능력이 안질과 병이 없는 것보다 있는 것이 그에게, 또 그를 통해 더 잘 작용할 수 있고, 또 작용할 것이기" 때문에, 남아 있어야만 했던, 바울의 보기 흉한 질병을 본 후, 먼저 보블리오의 부친이, 그리고 "섬에 있는 다른 병자들도 다 와서 고침을 받았다"(행 28:9, Weymouth).

병자가 병을 자랑하는가?

이 장의 시작 부분에서 언급된 형제[2]는 다음과 같이 말했다,

---

2 뉴욕의 성직자

여기서 바울은 이렇게 말하고 있다. "나는 내 안질을 자랑할 것이다. 내 눈에는 역겨운 분비물이 가득할 수도 있다. 나는 동정의 대상이 될 수도 있다. 상관없다. 나는 그것을 자랑할 것이다. 나는 내병을 즐길 것이다."

이런 사람들은 바울이 "사람 가운데 가장 아픈 사람"임을 자랑한 것이 옳다고 가르치면서, 왜 그들은 '자기의' 병을 자랑하지 않고, 그것을 없애려고 전력을 다하는가? 만일 그들이 자신의 "가시"를 자랑한다면, 왜 그들 중 어떤 사람들은 가시를 빼내기 위해 의사에게 갔는가?

어떤 설교자들은 바울의 가시를 그가 회심할 때 그에게 비춘 신성한 빛의 광채로 인해 잠시 눈이 먼 것이라는 견해를 갖고 있다. 그는 A.D. 60년 고린도후서를 썼을 때, 자기가 "육신에 가시"(고후 12:7)를 받는 계기가 된, 많은 계시를 받은 것이 "14년 전"(고후 12:2)이라고 스스로 말했다(고후 12:2-4). 가시가 주어진 것은 그가 회심한 후 12년이 되어서이며, 이 서신은 그가 회심한 후 26년이 되어서 기록되었다. 더욱이, 영광스러운 그리스도를 언뜻 본 것으로 인해 잠시 눈이 멀었던 것을 "사탄의 사자"라고 말하는 것은 신성 모독에 가까운 일이 될것이다.

왜 바울의 "가시"인가?

바울은 사자를 통해 그를 때리시는 것은 "[그가] 많은 계시를 받았다고 지나치게 교만해지지 않도록"이라고 분명히 말했다. 오늘날 어디서나 병자들이 그들의 질병을 "가시"로 여기며, 남아 있어야 한다고 가르침을 받아야 하는 것은 '그들이' 많은 계시를 받았기 때문에 교만해질까 봐 그러는 것인가?

바울의 가시는 멜리데와 다른 곳에서 "섬에 있는 다른 모든 아픈 사람들"(행 28:9, Weymouth)을 고치기 위한 그의 믿음에 아무런 장애가 되지 않았는데, 왜 우리에게는 그것이 장애가 되어야 하는가? 왜 오늘날 어디서나 병자가 받을 수도 있는 치유를 위한 적은 믿음에도 그것이 장애가 된다고 배워야 하는가? 성경은 "믿음이 들음을 통해 온다"(롬 10:17)라고 말씀하지만, 요즘에는 믿음이 "들음을 통해 떠난다". 이러한 어리석은 교리를 들음을 통해 말이다. 바울의 육신에 있는 가시에 관한 널리 퍼진 오류는 복음을 단절시키고 치유를 위한 믿음이 의지해야 할 토대를 완전히 없앤다. 아픈 사람이 치유될 것이라는 특별한 계시를 성경이 아닌 성령으로부터 받지 않는 한 말이다.

나는 신유를 부정하는 설교자들의 글에서, 나는 치유를 가르치고 병자가 치유되는 것을 아는 사람들의 사소한 신체적 결함을 즉각 거론하는 데 주목하였다. 그런데 그들은 신약성경에서 가장 뛰어난 치유의 교사인 바울이 신체적 고통인 "가시"를 가지고 있는 것은 합당하다고 주장한다. 만일 '우리' 눈에서 "형언할 수 없는 고름"이 줄곧 흐르면서 우리가 바울의 놀라운 치유 사역을 똑같이 하고 있다면, 바로 이 교사들이 그것을 조롱의 근거로 삼지 않겠는가?

바울의 가시는 주 안에서 수고하는 데 장애가 아님

성경은 그가 다른 모든 사람보다 "더 많이" 수고하는 데 바울의 가시가 장애가 되지 않았음을 보여준다(고전 15:10). 그러나 자신의 질병이 반드시 남아야 할 "가시"라고 배운 사람들은 종종 자신의 "가시"로 인해 어떠한 수고도 못하게 되고, 자신을 돌보는 것조차도 못하여, 시중을 받음으로써 다른 사람의 수고를 늘어나게 한다. 우리가 "모든 선한 일에 준비되며"(딤후 2:21), "모든 선한 일에 철저히 갖추어지며"(딤후 3:17), "선한 일에 열심이며"(딛 2:14), "선한 일을 계속하려고 조심하며"(딛 3:8), "그분의 뜻을 행하게 모든 선한 일에 온전케"(히 13:21) 될 것이라고 기록한 사람이 사도 바울이었다. "육신에 있는 가시"로 인해 병실에 갇혀 있는 수많은 그리스도인들이 어떻게 "모든 선한 일을 많이"(고후 9:8) 할 수 있겠는가? 이들 성경 말씀은 오직 건강한 그리스도인들만의 것인가?

"내 은혜가 충분하다"라는 그리스도의 말씀이 만약에 그분께서 바울에게 아픈 채 있으라고 말씀하신 것을 의미한다면, 그것은 성경에서 하나님이 어떤 사람에게 병을 계속 가지고 있으라고 말씀하신 최초이자 유일한 사례일 것이다. 그렇다면 그것이 유일한 예외라는 바로 그 사실이, 성경에서 풍부하게 보여주는 것, 즉 그분께서 다른 모든 사람을 고치셨다는 규칙을 입증하는 것일 것이다. 오늘날 이들 설교자 중 그토록 많은 사람이 치유를 논할 때, 왜 성경과 반대로 바울의 가시를 중요한 요점으로 만들고, 성경에 기록된 역사 전반에 걸쳐 나타나는 보편적인 치유 정책은 뒷전에 두고 있는 것인가? 바울의 가시는 그가 하나님을 위한 행로를 마치는 것을 방해하지 않았지만(딤후 4:7), 바울의 가시에 관한 오늘날의 가르침은 종종 많은 사람을 수년간의 끔찍한 고통을 겪은 후, 행로를 절반밖에 못 가고, 너무 이르게 무덤으로 보냈다. 이는 지속적으로 되풀이되고 있는 무서운 비극이다!

바울의 기도는 훌륭한 본보기

만일 오늘날 이 가르침을 믿는 육체적으로 고통받는 사람들이 바울을 따라 하나님께서 그들에게 말씀하실 때까지 기도하고, 하나님께서 바울에게 하셨던 것처럼, 그분이 그들의 고통이 계속되기를 원하시며, 또 그 이유를 말해주신다고 생각한다면, 바로 "아멘!"이라고 말할 것이다. 우리는 하나님의 뜻을 사랑하기 때문이다.

갈라디아서 4장 13절에서 바울은 "내가 처음에 육체의 약함으로 말미암아 너희에게 복음을 전한 것을 너희가 아는 바라"라고 말했다. 아마 여기서 약함은 육체적인 것이었을 것이다. 그러나 "처음에"는 그가 계속 약했다는 것을 의미하지 않는다. 그 반대의 의미 아닌가? 아니면 왜 "처음에"라고 말하겠는가? 아마도 일부 학자들이 믿는 것처럼 이것은 그가 루스드라에서 돌에 맞은 직후였을 것이다.

바울이 자신의 가시가 무엇인지 아주 쉽게 말해주었는데도, 오늘날 사역자들은 무언가 다른 것이라고 말하고, 성경적 치유의 교리에 어긋나게 그것을 사용한다니, 이것이 얼마나 이상한가, 바울 자신이 이 문제에 대해서는 사도들과 신약성경의 다른 기록자들 가운데서 가장 위대한 스승이었는데 말이다.

믿음을 북돋아 주는 바울의 설교

예를 들어, 앞에서 언급한 치유의 "특별한 기적"(행 19:11)에 대한 믿음을 준 것은 바울이 에베소에서 전한 복음이었다. 그는 거기에서의 자신의 설교에 대해 "너희에게 유익한 것은 내가 아무것도 아끼지 아니하였노라"(행 20:20)라고 말했다. 오늘날 모든 설교자들이 유익한 것은 아무것도 숨기지 않는다면, 분명히 그들은 모두 치유를 가르치고 있을 것이다.

로마서 15장 18-19절에서 "그리스도의 복음을 완전히 전했다.[완전한 복음을 전했다.]" "말과 행동으로, 강력한 표적과 이적들을 통해, 하나님의 성령의 능력으로 … 예루살렘으로부터 일루리곤 일대까지 이방인들을 순종하게 만들었다."라고 말한 것이 바울이었다.

그가 사도가 된 지 25년 후에 그는 고린도인들에게 이렇게 썼다. "그러므로 너희 중에 약한 자와 병든 자가 많으니라"(고전 11:30). 만일 바울의 가시가 육체의 허약함이나 그가 아픈 것이었다면, 그들은 아마도 그에게 답장을 보내 "무슨 이유로 '당신이' 약하고 병들었습니까?"라고 물었을 것이다.

"너희 몸이 성령의 전인 줄을 알지 못하느냐?"(고전 6:19), "너희 몸이 그리스도의 지체인 줄을 알지 못하느냐?"(고전 6:15), "우리는 그분의 몸과 그분의 살과 그분의 뼈의 지체들이니라"(엡 5:30), "우리는 '성령의 첫 열매[영적, 육체적 구원의 첫 열매]'를 받았다"(롬 8:23), "예수님의 생명이 또한 우리 죽을 육체에 나타나게 하려 함이라"(고후 4:11), "성령이… 너희 죽을['죽은'이 아님] 몸도 살리시리라"(롬 8:11), "[그리스되는 몸의 구원자이시니라"(엡 5:23), "몸은 … 주를 위하여 있고 주는 몸을 위하여 '계시느니라'"(고전 6:13)라고 기록한 사람이 바울이었다.

성도로 부르심 받음

바울 사도는 다음과 같이 기록하였다.

"고린도에 있는 하나님의 교회 … 성도로 부르심 받은 자들과 또 각처에서 우리 주 예수 그리스도의 이름을 부르는 모든 자에게 … 하나님이 세우셨으니, … 교회에 … 기적을, 그리고 병 고치는 은사를"(고전 1:2; 12:28).

"하나님의 은사와 부르심에는 후회가 없다[철회되지 않는다]"(롬 11:29).

그는 또한 모든 사람이 "가장 좋은 은사를 간절히 사모하라"(고전 12:31)라는 명령을 받았다고 기록했다. 바울은 오늘날 사람들이 가르치듯이 이 복이 이스라엘에게만 국한되어 있다고 믿지 않았으며, "중간에 막힌 담"이 "허물어져"(엡 2:14) 그리스도 안에서 그들은 "유대인도 헬라인도 아니며", 우리는 "모두 그리스도 예수 안에서 하나"(갈 3:28)라고 믿었다. 그래서 그는 베드로와 요한이 미문(美門)에서 유대인 장애인을 고쳐주셨던 것처럼 루스드라에서 나면서부터 장애인인 이방인을 고쳐 주었다(행 3:2-8 참조). 바울은 또한 구약의 예표들이 "우리를 경고하기 위하여 기록"(고전 10:11)되었고, "믿음으로 말미암은 자들은 동일한 아브라함의 자손이며"(갈 3:7), "이 약속들은 아브라함과 그 자손에게 말씀하신 것이고"(갈 3:16), "너희가 그리스도의 것이면 곧 아브라함의 자손이요, 약속대로 유업을 이을 자이다"(갈 3:29)라고 믿었다.

멜리데 섬에서의 바울

"그분[그리스도] 안에서" "모든 하나님의 약속은 … 예(yes)가 되며 … 우리[이방인]는 아멘(Amen)으로 하나님께 영광을 돌린다"(고후 1:20)라고 가르친 사람이 바울이었다. 다시 말하면, 치유에 대한 그분의 모든 약속을 포함한 하나님의 모든 약속은 그 존재와 능력이 우리를 위한 그리스도의 대속 사역 덕분이며, 그리스도의 구속 사역은 '모든 사람'을 위한 것이었다. 따라서 사도행전의 맨 마지막 장은 바울이 일부만이 아니라 멜리데 "섬에 있는 다른 모든 병자"(행 28:9, Weymouth)를 고치는 것이 하나님의 뜻이라는 것을 믿고 입증했음을 보여주고 있다.

바울은 기적과 치유를 구별했기 때문에 모든 사람이 즉시 온전해질 것이라고는 믿지 않았다. 우리가 이것을 아는 것은, 그가 밀레도에 병든 드로비모를 남겨 두었고(딤후 4:20), 에바브로디도가 복음 때문에 (또는 과로로) "병들어 거의 죽게 되었는데"(빌 2:27) 바로 회복되지 않았기 때문이다(빌 2:25-30). 바울은 하나님의 기적만큼이나 신성한, 건강의 자연법칙에 대해 열광적이 아니었고, 그래서 디모데의 위장병에 물만 마시지 말고 "포도주"를 쓰라고 주저 없이 추천하였다(딤전 5:23).

바울은 병자 자신이 치유에 대한 믿음을 가지고 있다고 믿었다. 왜냐하면 그는 장애인에게 "그가 치유 받을 만한 믿음이 있음"을 안 후에야 "당신 발로 똑바로 일어서시오"(행 14:10)라고 말했기 때문이다. 예수님께서는 마을 사람들의 불신 때문에 나사렛에서는 어떤 기적도 행하실 수가 없었다(막 6:1-6).

도움이 되는 개요

어느 사역자가, 치유 문제와 관련되어 있는 한, 전체 성경을 제쳐두고, 뒷전에 놓아둘 수 있다는 것은 이상하지 않은가?

- 하나님의 구속적 언약의 칭호인 여호와 라파
- 하나님의 치유의 언약
- 구약성경 예표에서의 치유에 대한 가르침과 약속

- 구약의 역사 전반에 걸쳐 만들어진 보편적인 치유의 선례
- 우리 몸을 위한 하나님의 뜻을 나타낸 그리스도의 말씀, 가르침, 명령, 약속 및 치유 사역
- 교회에 자리 잡은 치유의 은사
- 명령받은 교회의 기름 부음 의식
- 그리스도께서 갈보리에서 우리의 죄는 물론이고 우리의 병까지 짊어지셨다는 사실
- 특히 오늘날을 포함하여 사도 시대 이래로 이제까지 치유 받은 수천 명의 사람들

사역자들이 치유의 문제에 관해 말할 때, 이 모든 것을 제쳐 두고, 학자들이 병이나 치유와의 관련을 입증할 수 없다고 하는 바울의 "가시"에 관한 성경 말씀을 본문으로 선택할 수 있다는 것은 이상하지 않은가?

제7장

숙고해야 할 31가지 질문

다음은 속죄를 통한 치유에 관한 앞 장들의 주요 요점을 요약·검토하기 위해 숙고해야 할 31가지 질문들이다.[1]

1. 여호와의 7가지 복합 칭호—그중 하나가 여호와-라파 "나는 너희를 치유하는 여호와이다"(출 15:26)—는 각자에 대한 그분의 구속적 관계를 나타내므로 갈보리를 가리키는 것 아닌가?

2. 하나님의 모든 약속은 그분 안에서 "예"와 "아멘"이므로 (고후 1:20) 여호와-라파(주는 우리의 치유자)를 포함한 이 7개 칭호는 그 존재와 능력이 십자가에서의 그리스도의 구속 사역 덕분이 아닌가?

---

1 이는 원래 저자가 캐나다 토론토의 *얼라이언스 교회에서 설교할 때, 고찰하도록 제시한 것들이다. 얼라이언스(C&MA): 기독교 선교 연합(Christian and Missionary Alliance)

3. 모든 믿는 자는 그리스도를 여호와-칫케누(영혼의 치료자)로 불러야 하는 것처럼 그분을 여호와-라파(몸의 치료자)라고 부를 동일한 구속적 권리를 갖고 있지 않은가? 그분의 칭호는 구원을 위한 것인 만큼 치유를 위해 주어진 것이 아닌가?

4. 반대자들이 가르치는 것처럼 몸의 치유가 갈보리와 관계없이 얻어진다면, 대속죄일이 되어서야 비로소 나팔 소리로 희년의 복이 선포되는가?

5. 몸을 치유하는 것이 그리스도의 구속 사역의 일부가 아니라면, 왜 구약성경 전반에 걸쳐 치유와 관련하여 대속의 예표가 주어졌는가?

6. 대속에 치유가 안 들어있었다면, 왜 죽어가던 이스라엘 백성은 왜 몸의 치유를 위해 대속의 예표를 바라보아야 했는가? 용서와 치유가 모두 예표를 바라봄으로써 왔다면, 왜 원형으로부터는 오지 않는가?

7. 이스라엘 백성의 저주가 그리스도의 예표를 들어 올림으로 풀렸으니, 우리의 저주인 질병도 그리스도 자신을 들어 올림으로 풀린 것이 아닌가(갈 3:13 참조)?

8. "그는 실로 우리의 질고[질병]를 짊어지고 우리의 슬픔[고통]을 감당하였느니라"(사 53:4)라는 구절에서, "짊어지다"와 "감당하다"에 쓰인 히브리어 동사가, 동일한 대리적, 보상적 성격을 갖지 않는 한, 왜 11절과 12절에서 죄를 대신 '짊어지다'에 동일하게 사용되었는가?

9. 구속받은 모든 사람에게 치유가 제공되지 않았다면, 어떻게 많은 사람이 하나님께서 주시지 않은 것을 그리스도로부터 얻을 수 있었는가?

10. 몸이 구속에 포함되지 않았다면 어떻게 부활이 있을 수 있으며, 썩음이 어떻게 썩지 않음을 입을 수 있으며, 죽을 것이 어떻게 죽지 않을 것을 입을 수 있는가(고전 15:53)? 역사 전반에 걸쳐 하나님의 백성들은 다가오는 우리의 구원에 대한 영적 보증(미리 맛보기)은 물론 육체적 보증을 향유한 것 아닌가?

11. 왜 둘째 아담은 첫째 아담이 우리에게 가져온 모든 것을 가져가면 안 되는가?

12. 교회가 그리스도의 몸인데, 하나님께서 그리스도의 몸이 병들기를 원하시는가? 그리스도의 몸의 어느 부분이라도 고치는 것이 그분의 뜻 아닌가? 아니라면, 왜 그리스도의

몸에서 아픈 사람은 치유를 위해 기름부음을 받으라고 명령하셨는가(약 5:14)?

13. 인간의 불완전성은, 육체적이든 도덕적이든, 하나님의 뜻인가, 아니면 인간의 실수인가?

14. "몸은 … 주를 위한 것"(고전 6:13), "하나님께 드리는 … 산 제물"(롬 12:1)이므로, 그분은 망가진 몸보다 건강한 몸을 가지려 하시지 않겠는가? 아니라면, 그분이 어떻게 우리를 "그분의 뜻을 행하게 모든 선한 일에 온전케"(히 13:21) 만드시거나 "모든 선한 일에 철저히 갖추어지게"(딤후 3:17) 하실 수 있겠는가?

15. 신약성경에서는 몸의 치유가 자비라고 불렸으며(빌 2:27 참조), 예수님께서 그분에게 나아오는 모든 사람을 고치시게 한 것도 자비와 긍휼이었으므로(마 9:36), 그분께서는 "[그분을] 부르는 모든 자에게 자비가 풍성하시다"(시 86:5)라는 하나님의 약속은 여전히 진실이지 않은가?

16. 영광스러운 복음의 시대에는 더 어두웠던 시대만큼 고통받는 사람들에게 자비와 긍휼을 베풀어 주시지 않는가? 아니라면, 왜 하나님께서는 "더 좋은 언약"(히 8:6)이 있는 '더 좋은 시대'로부터 이 자비와 이 구약성경의 특권을 철

회하려 하시는가?

17. 만일 일부 사람들이 가르치는 것처럼, 하나님께서 오늘날 우리의 치유를 위한 또 다른 방법을 가지고 계신다면, 왜 하나님께서는 우리의 '더 좋은 시대'를 위해 덜 성공적인 방법을 쓰려고 하시는가?

18. 그리스도께서는 아버지의 뜻을 행하러 오셨으므로, 그분께 나아온 모든 병자의 보편적인 치유는 우리 몸에 대한 하나님의 뜻을 나타내는 것이었지 않은가?

19. 예수님께서는 아버지와 함께 계시는 동안 우리의 기도에 응답하여 동일한 일을 계속하실 것이라고 강력히 말씀하시지 않았는가(요 14:12-14)? 이 약속 하나면 모든 반대자에 대한 완전한 대답이지 않은가?

20. 그분의 시대가 시작되기 전에 모든 병자를 고치셨던 성령님께서 오순절 날에 직무에 들어오신 후에는 왜 그 일을 덜 하셨을까? 아니면, 기적의 일꾼이 기적을 없애기 위해 직무에 들어오신 것인가?

21. 성령행전은 그분께서 교회를 통해 계속 행하기를 원하시는 방식을 계시한 책이 아닌가?

22. 하나님께서는 어떻게 우리를 의롭다 칭하시며, 동시에, 율법의 저주 아래 남아 있도록 요구하실 수가 있는가? 예수님께서 우리를 위해 십자가에서 그것을 짊어지심으로써, 우리를 그로부터 구속하셨는데 말이다(갈 3:13 참조).

23. "하나님의 아들이 나타나신 것은 마귀의 역사를 멸하려 하심이라"(요일 3:8). 이제 그분은 겟세마네의 피 같은 땀과 갈보리의 고통 중에도 간직하셨던 이 목적을 포기하셨는가? 아니면, 이전에는 멸하고 싶었던 마귀의 역사가 이제는 우리 몸에서 계속되기를 원하시는가? 하나님께서는 암, "염병"(신 28:61), "율법의 저주"(갈 3:13), "마귀의 역사"가 그리스도의 지체 안에 있기를 원하시는가? "너희 몸은 그리스도의 지체인 줄 알지 못하느냐"(고전 6:15)?

24. 지난 두 번의 금요일 밤에 이 교회에서 간증한 184명의 신유의 증거는 오늘날 그리스도인이라고 공언하는 사람들의 영적 구속의 증거보다 덜 명백하고, 설득력이 덜한가? 치유 받은 이 184명의 육체적 건강은 비슷한 수의 그리스도인이라고 공언하는 사람들의 영적 건강보다 더 좋지 않은가? 이들 184명의 육체적 건강은 심지어 오늘날 같은 수의 사역자들의 영적 건강과 비교해도 손색없지 않을까?

25. 치료의 실패를 빌미로 신유에 대해 흔히 제기되는 반론이,

만약에 칭의와 중생과 그 밖의 모든 것에 대해 제기된다면, 그야말로 엄청나지 않을까?

26. 그리스도께서 나사렛에서 어떤 기적도 행하실 수 없었다는 사실(막 6:1-6)은 사람들의 불신 외에 무엇을 입증하고 있는가, 그리스도의 제자들이 아이에게서 간질 귀신을 쫓아내지 못한 것(마 17:14-21) 때문에 그를 구원하는 것이 하나님의 뜻이 아니었다고 결론을 내리는 것은 옳은가? 그리스도께서는 치유 받는 데 실패한 사람들까지도 고치심으로써, 그것이 하나님의 뜻임을 증명하셨다.

27. 하나님께서는 원수들에게 용서의 자비를 보이시는 것보다(롬 5:10, 8:32) 그분의 숭배자들에게 치유의 자비를 덜 보이려 하시는가?

28. 바울이 (뉴욕의 한 사역자가 말했듯이) 눈의 염증인 안질을 앓고 있는 "사람 가운데 가장 아픈 자"였거나, 다른 사람들이 가르치는 것처럼 그의 "육신에 가시"(고후 12:7)가 바울 자신이 나열한 수많은 괴로움을 가하는 "사탄의 사자(Angelos)", 또는 "사단의 천사"가 아니라, 육체적인 약함이었다면, 그가 어떻게 다른 모든 사도보다 "더 많이"(고전 15:10) 수고할 수 있었겠는가? 또한, 그가 다른 모든 사람보다 더 많은 일을 할 힘을 가지고 있었는데,

어떻게 그의 "약함"이 육체적인 것일 수 있겠는가? 바울의 "가시"는 모든 "[멜리데] 섬에 있는 나머지 병자들"(행 28:9, Moffatt)의 보편적 치유를 위한 믿음에 지장을 주지 않았는데, 그것이 왜 우리의 믿음에 지장을 주어야 하는가? 만일 바울이 아팠다면, 그가 치유 받지 못한 것이, 이 이교도들의 치유를 위한 보편적인 믿음에 지장을 주지 않았겠는가? 전통적인 설교자들은 왜 바울이 '말했던' "비난", "궁핍", "박해", "고통"(고후 12:10), 그리고 "사탄의 천사"의 손으로 때리는 다른 괴로움들을 (그가 말하지 않은) "안질"이나 "병"으로 대체하는 것인가? 후자가 그의 "가시"라면 왜 그는 전자 대신에 후자를 즐긴다고 말하지 않았는가? 몸이 아프거나, 보기 흉한 질병인 안질을 앓고 있는데, 고칠 수 없는 바울이 어떻게 "말과 행동으로, 강력한 표적과 이적을 통해 이방인들을 순종하게 만들"(롬 15:18-19) 수 있었겠는가?

29. 병이 하나님의 뜻이라면, 모든 의사는 범법자요, 숙련된 모든 간호사는 전능자를 거역하고 있으며, 모든 병원은 자비의 집이 아닌 반역의 집이 되지 않겠는가? 그렇다면 우리는 병원을 지원하는 대신에 그들을 폐쇄하는 데 전력을 다해야 하지 않겠는가?

30. 복음서에서 예수님은 병자를 고치라는 명령 없이는 결코

아무에게도 복음을 전하라고 명령하지 않으셨는데, 병자에게 그들의 믿음을 위한 근거로 선포할 치유의 복음(기쁜 소식)이 없다면 우리가 어떻게 이 명령에 순종할 수 있겠는가? 또 믿음은 하나님께서 약속을 지키시기를 기대하는 것인데, 하나님께서 그것을 약속하지 않으셨다면 어떻게 치유를 위한 믿음이 있을 수 있겠는가? 그리고 성경은 치유의 약속으로 가득 차 있는데, 그것은 모두 병자들을 위한 복음(기쁜 소식)이 아닌가? "믿음은 들음에서 오느니라"(롬 10:17). 그런데 그들이 들을 것이 없다면, 어떻게 병자들이 치유를 위한 믿음을 가질 수 있겠는가?

31. "병자를 긍휼히 여기시며 치유가 필요한 모든 사람을 고치신 하나님 아들의 사랑하는 마음이 아버지의 우편에 높여지셨다고, 그분 자신의 고통받는 사람들을 더이상 생각하지 않으실 수 있겠는가?" - 케네스 맥켄지(Kenneth Mackenzie)

제8장

치유의 간증

한 사람의 기적적인 치유는 많은 사람을
구원으로 이끈다. ― 육체적인 복도 따른다.

첫 번째 제목 아래 모여진 간증들은 한 개인의 치유에 지속적으로 따르는 영적, 육체적 복에 관심을 기울이게 한다. 우리는 성경에서 이러한 선례를 본다. 애니아의 치유의 결과는 룻다와 사론에 사는 사람들이 모두 하나님께로 돌아온 것이었다(행 9:32-35). 그의 치유는 두 도시를 구원할 만큼 중요하였다. 성전 미문(美門)에서 걷지 못하는 사람을 치유함으로써 5천 명이 구원을 받았다(행 3:1-4:4). 바울은 하나님의 목적이 "말과 행동으로, 강력한 표적과 이적을 통해, 하나님의 성령의 능력으로 이방인들을 순종하게 하는 것"(롬 15:18-19)이라고 우리에게 말했다.

치유 받은 사람들은 육체적인 복과 함께 지속적으로 성령 충만과 긍휼을 받는데, 이는 다른 사람들을 구원받게 하고, 그 사람들 역시 사랑의 하나님으로부터 몸에 필요한 치유를 받을 수 있다는 것을 말해주도록 보내는 것이다.

이러한 '연쇄적인 복'에 대한 감동적인 간증들이 계속해서 접수되고 있다.

구원받고 고통에서 치유 받은 펜실베니아 주 피츠버그의 롱 (J. B. Long) 여사는 몇몇 아픈 친구들에게 신유의 메시지를 가지고 가겠다는 약속을 이행하려고 애썼다. 성령의 인도를 받아 그녀는 자신의 육체적 고통을 안고 제단으로 나아갔다. 화이트사이드(E. D. Whiteside) 목사와 보스워스(Fred Francis Bosworth) 전도자에게 기름부음을 받은 그녀는 다른 사람들에게 영적인 복의 증인이 되기 위해 일어선 것이다. 그녀가 자신의 약속을 얼마나 성실하게 이행하고 있는지는, 영혼과 몸이 아픈 사람들에게 육체적 치유의 메시지와 함께 복음을 전하겠다는 그녀의 결심에서 보인다. 구원받은 영혼과 치유된 몸은 무지하고 버림받은 이들에게 축복받은 행복의 확신을 가져다준다.

금간 무릎뼈, 걷기에 고통, 이제 계단을 오름

1년여 전, 저는 오른쪽 귀의 완전한 청각 장애와 금간 무릎뼈가 치유되었습니다. 청각 장애는 제가 10여 년 전에 겪었던 신경쇠약 때문이었으며, 그로 인해 5년 넘게 청각 장애를 겪었습니다. 어느 날 밤, 테일러(Elizabeth Taylor) 양과 함께 교회에 가던 중 넘어져 무릎뼈에 금이 갔습니다. 그것들은 몇 년 동안 제게 큰 고통을 가져왔고, 줄곧 더 나빠졌습니다.

저는 계단을 거의 오르내릴 수 없었지만, 이제는 달릴 수 있습니다, 하나님을 찬양합니다. 저는 언덕 꼭대기에 살고 있는데, 전차를 타려면 185개의 연속된 계단을 내려가야 합니다. 저는 난간을 붙잡고 내려오는데 큰 고통을 겪곤 했지만, 이제는 뛰어서 내려갈 수 있습니다. 그분의 사랑하는 이름을 찬양합니다. 저는 그 계단들을 내려갈 때마다 하나님께서 하신 일에 진정으로 감사하는 마음을 그분께 전합니다.

제가 치유된 것은 피츠버그에서 열린 첫 번째 보스워스 캠페인 기간이었습니다. 저는 집회에서 사람들이 구원받고 치유되는 놀라운 광경을 바라보며 앉아 있었습니다. 저는 아주 어린 소녀였던 38년 전에 구원받았습니다. 그날 밤, 제 아픈 친구들에게 신유의 메시지를 가져다줄 수 있다면 얼마나 좋을까하는 생각이 들었습니다. 바로 그때 '나 자신의 간증이 없이 어떻게 누구에게 치유의 복음을 전할 수 있다는 것인가?'라는 생각이 들었습니다. 그것이 저를 결심하게 했습니다.

저는 조금도 주저하지 않고 제 몸의 병을 가지고 제단에 나아가 기름부음을 받았습니다. 보스워스 형제와 화이트사이드 목사님이 저와 함께 기도해 주셨고, 저는 즉시 치유되었습니다. 그것은 완전했고, 치유된 후 1년 동안 저는 결코 어떤 병도 재발하지 않았습니다. 저는 섬기기 위해 구원받았으며, 그분을 더 잘 섬길 수 있도록 치유를 열망했습니다. 그날 밤에 차를 타려고 오하이오 거리를 걸어가다가, 저는 갑자기 신세계에 있는 것 같았습니다. 저는 그때 하나님께서 내게 새로운 성령의 세례를 주셨다고 믿습니다. 올해는 제 인생에서 가장 멋진 해였습니다. 하나님께서 그분을 섬기는 일에 저를 너무도 아름답게 사용하셨기 때문입니다. 참으로, 왕을 섬기는 데에는 기쁨이 있습니다. 저는 치유 후에 더 많은 영적 복을 받았고, 그리스도께서는 그 어느 때보다 제게 더 가까워지고 더 소중해졌습니다.

저는 이 기쁨의 큰 비밀이 하나님의 능력을 간증하는 데서 나온다는 것을 깨달았습니다. 병이 낫던 날 밤, 저는 차에서 우리 교회 성도에게 간증했습니다. 저는 그 이야기가 퍼지리라는 것을 알았습니다. 다음 주에 우리 목사님이 저를 따로 불러 그분이 들은 것을 말하고, 그것이 사실인지 물었습니다. 저는 목사님에게 그것이 사실이라고 말했습니다. 목사님은 처음에는 제 말을 알아듣지 못했지만, 제가 목사님에게 그에 관한 성경 구절(마 8:16-17)을 보여주자, 주님은 목사님을 완전히 확신하게 하셨습니다.

다음 주에 예배가 열렸습니다. 그것은 우리가 이제까지 알던 최고의 부흥회였습니다. 매주 하루 저녁은 우리 목사님이 신유에 관해 말씀했습니다. 구원이나 치유를 구하는 사람들에 대한 초청이 있었습니다. 목사님은 기름을 부었고, 후버(I. E. Hoover) 형제와 저는 병자들에게 손을 얹었습니다. 우리가 그들과 함께 기도하는 동안 많은 사람이 치유되었습니다.

저는, 가득 채워서 그분을 섬기는 데 사용할 주님의 발 앞에 놓인 빈 그릇일 뿐이라는 생각이 들었습니다. 제가 치유된 다음 날, 저는 제 이야기를 할 수 있도록 치유가 필요한 사람에게 저를 보내주실 것을 주님께 요청했습니다. 제 친구 로빈슨(Sadie Robinson) 부인의 얼굴이 제 앞에 나타났습니다. 제가 그녀를 찾아가니, 그녀는 여러 주일 동안 아파서 침대에 누워 있었습니다.

다음 날, 후버 형제가 자기 차량을 제공하여, 우리는 그녀를 아치 스트리트에 있는 기독교 선교 연합 교회(Christian and Missionary Alliance Tabernacle)로 데려갔고, 그곳에서 그녀는 보스워스 형제에게 기름 부음을 받고 치유가 되었습니다. 그 결과 그녀의 가족 네 명이 구원을 받았습니다. 하나님께서는 그분의 존귀와 영광을 위해 그녀를 아주 잘 사용하셨습니다. 그녀의 이웃 중 한 명인 비글리 부인은 30년 동안 큰 고통을 받은 사람이었는데, 그녀의 간증은 다음과 같습니다.

그녀가 로빈슨 부인의 치유 소식을 듣고 로빈슨 부인과 저를 불렀습니다. 우리는 그녀와 함께 성경을 공부하면서 오후를 보냈습니다. 그녀는 매우 간절했습니다.

며칠 후 보스워스 집회에서 치유를 받은 콜린스(Fred Collins)씨와 후버(I. E. Hoover)씨, 그리고 세례교 사역자인 크리머(Kreamer) 목사님과 함께 다시 찾아갔습니다. 우리는 비글리 부인과 함께 기도했고, 그녀에게 기름을 부었으며, 그녀는 치유되었습니다. 그날은 토요일이었습니다. 다음 주 화요일, 그녀는 완전히 건강해져서 일어났고, 신발을 신었으며, 이전 병의 흔적은 없었습니다. 그녀의 얼굴은 행복감으로 빛났고, 30년 동안 앓았던 어떤 병도 재발하지 않았습니다. 그녀의 아들도 그리스도께 인도되었고, 쉐라덴(Sheraden) 교회에서 치유되었습니다.

저는 그리스도인의 삶에서 가장 중요한 것은 하나님의 뜻에 대한 완전한 순종이라는 것을 깨닫습니다. 이너서클(inner circle)로 사는 것은 매우 기분 좋은 일입니다. 비록 그것이 우리를 주변 사람들과 단절시킬 수도 있지만, 우리가 그분의 인정을 받았다는 것을 아는 것은 기분 좋은 일입니다.

- J. B. 롱(J. B. Long), 펜실베이니아주 피츠버그,
1921.10.29

테일러 양이 롱 부인의 간증을 확인함

저는 롱 부인을 잘 알고 있습니다. 우리는 둘 다 같은 교회에 속해 있으며, 그녀가 넘어져 무릎뼈가 금간 그날 밤 저는 그녀와 함께 있었습니다. 그녀는 한동안 누워 있었습니다. 그들도 치유를 받았으며, 롱 부인과 그들은 더이상 아무 질환도 없습니다.

- 엘리자베스 테일러(Elizabeth Taylor),
펜실베이니아주 피츠버그, 1921.10.29

신경쇠약의 치유로 남편과 세 딸이 구원받음

지난해인, 1920년 초가을에 저는 신경쇠약과 마음의 병으로 몸과 마음이 몹시 아팠습니다. 저는 최고의 의사 중 한 사람의 보살핌을 받으며 2주 동안 집에 머물렀습니다. 몇몇 친절한 친구들이 와서 저를 시골에 있는 집으로 데려갈 때까지 어느 날은 건강해진 듯하다 다음 날은 더 나빠지곤 했습니다. 그곳에서 저는 도시의 온갖 소음으로부터 해방되었고, 최고의 대우와 사람이 받을 수 있는 온갖 사랑과 호의를 받았습니다. 저는 6주 동안 그곳에 있었는데, 낮이고 밤이고 대부분의 시간을 안정제로 버텼으나 차도가 없었습니다. 6주 후에 오히려 이전보다 더 나빠져서 돌아왔습니다. 집으로 돌아온 다음 날, 찬양받으실 주님은 그분의 신실한 종 가운데 한 분인 롱(Mary Long) 부인을 나에게 보내셨습니다. 그녀는 저에게 간증을 해주고, 저를 위해 기도해 주었습니다. 그녀는 매우 사랑스럽고 친절했습니다.

어느 날 그녀는 제 아들의 기름 묻은 작업복을 수선했고, 또 다른 날은 아이들이 식사 준비하는 것을 도왔습니다. 제가 하나님의 영광을 위해 이를 말하는 것은, 성령이 우선권을 가질 때 사람이 어떻게 행하는지를 보여주기 위해서입니다. 1920년 11월 15일 월요일, 그녀와 다른 두 명의 사랑하는 그리스도인이 자동차를 타고 저를 아치 스트리트에 있는 교회로 데려갔습니다. 그곳에서 보스워스 형제가 저를 위해 기도하고 기름을 부어 주었으며, 저는 즉시 치유되었습니다. 하나님을 찬양합니다. 예수님은 기도에 대한 응답으로 이 일을 행하셨습니다. 제가 교회에 들어가는 데는 세 사람이 도와주어야 했지만, 사람의 도움을 받지 않고, 예수님의 팔에 든든히 의지하여 걸어 나왔습니다.

오, 그분은 예전에도 그랬고, 지금도 저에게 너무 소중합니다. 15일 아침, 제가 교회로 이끌려가던 날, 남편과 가족들은 정말 제가 그날을 견딜 수 없을 것으로 믿었습니다. 그날 저녁 저는 아이들의 도움을 거의 받지 않고 저녁 식사를 준비했습니다. 저의 치유 덕분에 남편과 세 딸이 그리스도께 마음을 드리게 되었습니다. 그들은 요즈음 그리스도 예수, 든든한 반석 위에 굳건히 서 있습니다. 하나님을 찬양합니다.

다음 날인 16일 아침, 저는 동행하는 사람 없이 전차를 타고 집회에 갔습니다. 예수님께서 저와 함께하셨고, 지금도 함께하십니다. 그다음 날인 17일에는 방 세 곳을 깨끗하게 청소하며, 줄곧 하나님을 찬송하고 찬양했습니다. 그 이후로 저는 몇 차례 아팠는데, 그때마다 사랑하는 주님께서 롱 자매를 저에게 보내주셨고, 그녀는 저를 위해 기도해 주었습니다. 그리고 그때마다 저는 치유되었습니다. 하나님을 송축합니다. 저는 참으로 하나님을 찬양할 것이 많습니다.

저는 롱 자매가 치유되기 전에 얼마나 고통을 당했는지, 그리고 구원받고 나서 어찌 되었는지를 알았습니다. 그분의 영광을 위해 그녀를 사용하시는 하나님의 방법을 찬양합니다. 그분께서 저의 간증에 복을 더해 주시기를 기도합니다.
주 예수 그리스도 안에 있는 여러분의 자매,

- 세이디 로빈슨(Mrs. Sadie Robinson),
펜실베이니아주 피츠버그, 1921.12.31

수년간 고통받은 신경증이 치유됨

저는 5년 동안을 신경증으로 시달렸습니다. 의사들은 척추 질환으로 인해 발생했다고 말했습니다. 저는 머리 부분의 근육을 통제할 수가 없었습니다. 얼굴과 입이 끊임없이 씰룩거리고 일그러졌습니다. 눈도 마찬가지였습니다. 머리가 이리저리 움직였습니다. 여러 전문의와 상담했습니다. 그들 중 누구도 저를 도와줄 수가 없었습니다. 그들은 병의 원인이 무엇인지 밝혀낼 수가 없었습니다. 마지막으로, 저는 쉐라덴 교회에서 집회가 있다는 소식을 들었습니다. 11월 4일에 갔습니다. 초청을 받자, 저는 앞으로 나아가 기도를 받고, 기름부음을 받았습니다. 경련과 뒤틀림이 즉시 멈추었고, 재발되지 않았습니다.

- 헤이즐 D. 벤츠(Miss Hazel D. Benz),
펜실베니아 주 크래프턴

몇 달 뒤 쓴 편지에서 벤츠 양은 자신의 간증을 확인하며 말했다.

"4개월 전, 저의 심각한 신경 질환을 치료받은 이후로 어머니, 언니, 형부, 의붓아버지가 구원받았습니다. 저는 몸무게가 18.5 파운드(약 8.5kg) 늘었습니다."

정맥류, 혈압, 사지 부종 질환이 사라짐

이 아름다운 성탄절에 우리의 주님이시며, 구세주이신 예수 그리스도의 탄생을 기념하여, 저는 사랑하는 어머니와 저 자신에 대한 간증보다 더 좋은 헌사(獻詞)는 없는 줄 압니다. 저는 이를 드리는 것이, 가난하고 지친 죄인에게 평강과 기쁨을 가져다주거나, 고통받는 가여운 사람의 치유를 돕는데 쓰이기를 바랍니다, 모든 것이 "하나님의 영광을 위하여".

30년 넘은 정맥류와 더불어 극심한 고혈압 및 사지 부종이 10년 가까이 수종(水腫) 상태로 발전하여 10주 동안 걷지 못하고 있던 어머니가 5개월 전쯤 우리 이웃 중 한 명인 로빈슨 부인이 "하나님을 믿는 믿음"으로 치유되었다는 말을 들었습니다. 그 사건은 너무도 놀라워서 우리는 롱(J. B. Long) 부인이 이 여인을 어떤 교회에 데리고 갔다는 것을 물어서 알아냈습니다. 그래서 우리는 롱 부인이 사는 곳을 찾아 어머니를 만나러 와달라고 요청했습니다. 로빈슨 부인과 롱 부인이 와서 어머니와 함께 기도하고, 믿는 모든 사람을 위해 예비된 놀라운 일들을 설명했습니다. 나중에 롱 부인과 교인 셋이 우리를 만나러 와서 어머니와 함께 기도하고 기름을 부었습니다. 3일 후, 어머니는 신발을 신고 10주 동안 하지 못했던 걷기를 할 수 있었습니다.

그동안 어머니는 성경을 읽었고, 기도 중에 하나님께서 자신을 나타내실 때, 어머니는 큰 복을 받아 팔다리의 모든 고통과 아픔이 사라졌으며, 정맥류가 줄어들기 시작하고, 부종이 모두 빠졌습니다. 어머니의 전반적인 건강이 좋아졌고, 전기치료 외에는 불가능하다고 의사들이 주장했던 고혈압도 사라지기 시작했습니다. 그들은 몇 달 전에 어머니를 병원으로 이송하라고 권고했었습니다.

요즈음은 어머니의 건강이 몇 년 사이에 더 좋아졌으며, 오랜 병도 전혀 재발되지 않았습니다. 복을 주신 하나님께 영광을 돌립니다. 몸소 구원받고 치유 받은 어머니는 하나님의 역사하심과 그분의 약속 안에서 위로와 행복을 찾았습니다. 그동안 롱 여사는 계속 우리를 방문했습니다. 그녀는 결코 서둘러 떠나지 않았고, 가기 전에 항상 기도했습니다.

저는 어머니에게서 하나님의 놀라운 역사를 보자, 저 또한 성경을 찾아보기 시작했고, 만일 제가 믿는다면, 하나님의 약속은 제게도 동일하다는 것을 깨닫게 되었습니다. 하루는 롱 여사가 방문했을 때, 그녀가 제게 자신의 삶과 다른 사람들의 삶에 대해 얘기했습니다. 그녀는 오늘이 교회의 부흥회 마지막 날이라고 말하더니, 가보자고 설득했습니다. 그래서, 저는 로빈슨 부인 부부와 함께 갔는데, 그들은 구원받고 치유 받은 사람들이었습니다. 그날은 제가 살아있는 한 결코 잊지 못할 날이었습니다.

제가 전도자의 설교를 듣고 있는데, 그분이 설교 말미에 구원 받거나, 치유 받거나, 기도 받기를 원하는 사람은 모두 앞으로 나오라고 초청했습니다. 저는 설교를 듣는 내내 하나님께 저를 인도해 달라고 조용히 기도하고 있었습니다. 로빈슨 형제와 함께 저는 앞으로 나아갔고, 그리스도의 보혈로 구원받았습니다.

저는 15년 동안 신경쇠약과 안 좋은 건강으로 고통받고 있었으며, 세 차례의 매우 심각한 수술을 받았고, 결코 건강한 날이 없었습니다. 한 사역자의 기도와 기름부음을 받고 저는 집으로 왔고, "그분이 채찍에 맞음으로" 저는 치유되었습니다. 하나님을 찬양합니다, 저는 그 이후로 내내, 결코 위장 질환에 대한 걱정을 전혀 하지 않고, 식사를 즐기고 있으며, 제 신경도 놀랍도록 강해졌습니다. 어머니와 저는 매우 행복하며, 가면 갈수록 이러한 삶이 더 좋아지고 있습니다. 우리는 둘 다 하나님께서 모든 믿는 사람을 위해 예비해 두신 좋은 것들을 얻고 있는 것 같습니다. 저는 또 이것도 말하고 싶습니다. 일주일 동안 저는 사람이 생각하기에 거의 불가능한 5가지 일을 위해 하나님께 기도했는데, 요청한 것을 모두 얻었습니다. 그분의 거룩하신 이름에 영광이 있을지어다.

누군가가 이것을 보고, 우리의 경험을 통해 유익을 얻고, 우리처럼 평강과 행복을 얻을 수 있도록, 이것을 전해 주십시오. 주 예수 그리스도를 믿는 사람은 모두 구원받을 것입니다. 이것이 그분의 약속이며, 그분은 결코 약속을 어기지 않으십니다. 그분의 복된 이름을 찬양하십시오. 우리의 성경은 이제 훌륭한 행복의 근원입니다. 그리고 저의 한가지 소망은 하나님께서 그분의 사역의 발전에 그분이 택하시는 어떤 방식으로든 저를 사용하시기를 바라는 것입니다. 우리는 하나님께 감사하며, 하나님께서 우리를 그분이 계신 곳으로 데려가실 때까지 언제나 이곳에서 그분의 동역자가 될 것입니다.

- 카슨 A. 비글리(Carson A. Bigley),
펜실베이니아 주 피츠버그, 1917.12.25

단순한 믿음으로 안과 전문가를 이김

저는 교인이었으며, 5년 동안 교회의 일원이었습니다. 저는 예수님이 하나님의 아들이시며, 십자가에서 피 흘리셨다는 것은 알았습니다. 그러나 저는—그것이 저를 위한 것이었다는 것은 결코 들어본 적이 없었습니다—제가 천국에 갈지 못 갈지 알기 위해 죽을 때까지 기다리는 대신에, 저는 잃어버린 자이며, 구원받으면 그것을 알 수 있다는 것을 몰랐습니다.

하지만 저는 그 교회가 자랑스러워서 다른 교파의 모임에 나갈 생각은 전혀 하지 않았습니다. 그러나 저는 치유가 필요했습니다. 나는 평생 원시(遠視)가 심했고, 15년 동안 한쪽 눈이 사시였습니다. 나는 11년 넘게 고성능 안경을 착용했고, 약 6개월마다 전문가에게 안경을 교체해야 했습니다. 안경을 잠시만 벗으면, 심한 두통에 시달리고, 얼굴이나 가구도 잘 분간할 수가 없었습니다. 모든 것이 흐릿하고 희미했습니다. 피츠버그에 있는 한 친구가 디트로이트에서의 보스워스 집회를 알리는, 간증문이 게재된 트리뷴 신문을 내게 보내왔습니다. 저는 1921년 1월 11일 집회에 갔으며, 앉은 자리에서 바로 구원받았습니다. 저는 들어올 때보다 나갈 때의 기분이 훨씬 더 가벼웠다는 것 말고는, 설교 본문이나 그날 밤에 관한 어떤 것도 기억나지 않습니다. 그 주에 주님께서는 저를 처치하기 시작하셨습니다. "이전 것은 지나갔으니 보라 새것이 되었도다."

다음 날 아침, 저는 치유를 받으러 올라갔습니다. 보스워스(B. B. Bosworth) 형제가 저를 위해 기도했고, 저는 즉시 치유되었습니다. 그는 기도자 카드를 내밀었고, 저는 거기에 적힌 모든 내용을 읽을 수 있었습니다. 저는 어안이 벙벙할 뿐이었습니다. 두 시간 동안은 제 눈이 온전히 똑바르게 되었고, 시력도 정상이었습니다. 그리고 나더니, 그 두 가지 증상이 모두 다시 돌아왔고, 그날 나머지 시간과 그다음 날 온종일, 과거 어느 때보다도 더 나빠졌습니다.

가족 중 몇몇은 저에게 안경을 다시 쓰도록 강권하려고 했는데, 그들은 제가 완전히 눈이 멀게 될 것이라고 말했습니다. 그러나 하나님께 감사하게도 저는 거절했고, 그분만을 믿었습니다. 다음 날, 제 눈은 온전히 똑바르게 되었고, 내내 점점 좋아져서, 이제는 여느 사람들처럼 정상입니다. 제가 잊고 말하지 않았는데, 주님께서 저를 시험하시는 동안, 저는 성경은 읽을 수 있었지만, 다른 것은 아무것도 읽을 수가 없었습니다. 주님께서 저를 놀랍게 치유하신 지 2주 후에, 그분께서는 저에게 세례를 주셨고, 성령으로 채워주셨으며, 계속 저를 성령 충만하게 해주고 계십니다. 그분께서 복음에 치유를 넣어 주시고, 보스워스 형제들이 디트로이트에 와서 우리에게 그것에 대해 말해준 것에 대해 하나님을 찬양합니다. 주님께서 저를 치료하신 이후로 저는 눈으로 인해 두통을 겪은 적도 전혀 없습니다.

저에게는 우리 주님보다 더 실재적인 분은 없습니다. 그분은 날마다 더 가까워지고 더 소중해지십니다. 저는 그분께서 저를 위해 하신 것을 말할 수가 없었습니다. 제가 간증할 때마다 거의 매번, 어떤 사람이 육체적으로, 영적으로 도움을 받았다는 말을 듣습니다.

우리와 관련된 모든 것을 돌보시는 하나님을 찬양합니다. 주님께서 우리에게 세인트폴로 가라고 말씀하셨을 때, 우리(저와 먼로 부인)는 단 2센트밖에 없었습니다. 우리가 주님께 가겠다고 말씀드리자, 그분께서는 차비를 주셨습니다. 저는 보스워스 씨가 자신의 경험을 이야기하기 전까지는, 재정적인 도움을 위해 주님을 신뢰한다는 것 같은 이야기는 들어본 적이 없었습니다. "믿음은 듣는 데서 오며, 듣는 것은 하나님의 말씀이니라." 어느 날 아침, 우리에게는 13센트가 있었습니다. 아침을 가볍게 먹고 나니, 1센트가 남았습니다. 그래서 우리는 재정 형편에 "영광"을 외치며 부르짖었습니다. (아무도 우리가 믿음으로 갔다는 것을 알지 못했습니다.) 이 일을 한 바로 그 시간에, 2달러가 들어있는 속달 우편이 우리에게 송달되었습니다. 3일 후 집세를 내야 했을 때 주님은 14달러를 보내주셨습니다. 그것이 그분이 주신 방식입니다. 집으로 돌아올 때 우리에게는 5달러 12센트가 있었습니다. 저는 주님께 차비를 달라고 요청했습니다. 그날 밤(토요일) 12시에 그분은 그것을 보내셨고, 1달러 85센트를 더 주셨습니다.

저는 그 이후로 줄곧 모든 일을 그분의 약속에 의지해야 했으며, 그분은 결코 저를 실망시키지 않으셨습니다. 이 간증을 여러분 마음대로—성령의 인도하심을 통해, 모든 것을 하나님의 영광을 위해—사용하십시오.

- 에디스 I. 와트 라우(Mrs. Edith I. Watt Lau),
미시간 주 디트로이트
(이 간증은 그녀가 치유된 지 1년 후에 받았습니다.)

암이 치유됨

약 4년 전, 제 얼굴에 암이 시작되었습니다. 처음에는 코에 생긴 작은 사마귀에 불과한 듯 보였습니다. 계속 긁다 보니 종기가 되었고, 암이 발생한 것으로 보입니다. 그때도 많이 고통을 받았지만, 2년째가 되기 전에는 그 고통과 통증이 극심했습니다.

저는 얼굴을 계속 가리고 있어야 했는데, 외모 때문이기도 했고, 통증을 완화하기 위해 에테르(마취제로 쓰이는 알코올 추출물-역주)와 다른 피부약으로 적신 천을 덮어야 했기 때문입니다. 저는 작년에 아팠을 때 피부약값으로 500달러 정도를 썼습니다. 이것이 고통을 덜어주는 유일한 방법이었습니다. 천을 떼어냈을 때는 통증이 너무 심해서 눈이 어두워졌고, 앞에 있는 제 손도 볼 수가 없었습니다.

저는 오하이오, 인디애나, 뉴욕, 뉴저지에서 좋은 병원이 있다는 곳마다 구원을 기대하며 이 의사, 저 의사에게로 갔습니다. 제가 확신하기로는 50명 넘는 의사들과 상담했습니다. 그러나 그들은 모두 저에게 희망이 없으며, 아무것도 해줄 것이 없다고 말했습니다.

그러나, 주님을 찬양하라, 1920년 9월에 저는 저의 고향인

오하이오주 리마에서 보스워스 집회가 열리고 있다는 소식을 들었습니다. 저는 오로지 치유 받고 싶은 마음에 이끌리어 갔습니다. 전에는 이런 식으로 전해지는 복음을 들어본 적이 없었으며, 그래서 즉시 나아갔습니다. 기도하라는 요청을 받았을 때, 저는 어떻게 해야 할지 몰랐고, 말을 입안에서 중얼거려야 했습니다. 그러나 제가 그것을 반복하면서 믿음이 내 마음속에 들어왔고, 저는 매우 행복해지기 시작했습니다.

그들은 치유를 위해 저에게 손을 얹었고, 그렇게 할 때 저는 하나님의 능력이 제 몸에 흐르는 것을 느낄 수 있었습니다. 그것이 제 얼굴로 올라왔습니다. 얼굴에 딱 붙어있던 고무 덮개가 조금씩 벗겨지고 있는 느낌이 들었습니다. 그것이 제 머리 꼭대기에 이르렀을 때 저는 밝은 빛을 보았고, 제 바로 앞에 예수님의 환상이 서 계셨습니다. 그러자 제가 전에는 그렇게 할 수 없었지만, 이제 진정으로 부르짖었습니다. 손이 내 위에 얹히자마자, 고통이 멈췄고, 저는 치유되었음을 알았습니다. 다른 사람들은 제가 "나는 구원받고 치유되었어요"라고 외쳤고, 얼굴을 덮었던 천을 벗어버렸다고 합니다. 저는 너무 기뻐서 제가 무엇을 하고 있는지도 몰랐습니다. 저는 기뻐서 외치고 또 외치고, 외치면서 집에 갔으며, 거의 밤이 새도록 외치고, 아침에 일어나서도 외치기를 계속했습니다.

제가 일어났을 때, 딸은 아침을 먹고 있었습니다. 그녀는 저를 바라보더니 "오, 엄마!"라고 외쳤습니다. 식당에는 큰 거울이 있었는데, 저는 그것을 들여다보았습니다. 저는 이전에 일부가 잠식되었었던 윗입술이 치유된 것을 보았습니다. 윗입술은 치아 뿌리가 드러날 정도로 잠식되었었습니다. 밤 동안에 그 부분은 새살로 채워지고, 건강한 피부로 덮여 지금처럼 단단하고 깨끗해졌습니다. 흉터 외에는 암의 흔적도 남아 있지 않았습니다. 얼굴에 있었던 딱지 두 개가 계속 남아 있었지만 나중에는 없어졌습니다. 그러나 피부가 없어진 곳마다 밤 동안에 완전히 치유되었고, 새 피부가 만들어졌습니다.

제 오른손 엄지손가락은 4년 동안 불구였었습니다. 발등은 깨져 있었습니다. 둘 다 암과 같은 때에 치유되었습니다. 그 이후로 저는 둘 중 어디에도 통증이 없었습니다. 제 입술이 복원된 것을 보고, 저는 큰소리로 외쳤고, 집안은 곧 이웃들로 가득 찼으며, 저는 그들에게 하나님께서 저를 위해 하셨던 일을 이야기했습니다.

제 자녀들은 저의 치유를 주님께서 저를 곧 천국으로 데려가시려는 징조로 여겼고, 제가 이웃 사람들에게 가서 예상보다 오래 머물러 있으면, 제가 아직 이 세상에 있는지 알아보러 오곤 했습니다.

2년 동안 저는 수프와 우유 외에는 아무것도 먹지 못했었습니다. 저는 음식을 집어넣을 만큼 입을 크게 벌릴 수 없었고, 입술에 작은 스푼을 대고 액체를 조금씩 마셔야 했습니다. 저는 금요일 밤에 치유되었고, 토요일 아침에는 아프기 전에 했던 대로 나이프와 포크를 들고 먹기 시작했습니다. 그날 아침 보스워스 형제들이 저를 만나러 왔을 때, 저는 큰 테이블스푼을 가져다가 입을 크게 벌리고 어떻게 먹을 수 있는지 보여주었습니다. 그들이 왔을 때, 저는 나가서 이웃들을 찾아가 얼굴을 보여주었는데, 그들은 제가 돌아올 때까지 집에서 기다리고 있었고, 저와 함께 치유를 크게 기뻐하였습니다.

주일에 저는 세례를 받으러 나갔습니다. 토요일에 무엇인가가 저에게 "물로 들어가라"라고 말했었습니다. 보스워스 형제는 그것이 무엇을 의미하는지 설명해 주었고, 저는 순종하여 세례를 받았습니다.

월요일에 제 딸이 사과 한 부셸을 가지고 있었는데, 저는 앉아서 껍질을 깎으며 노래했습니다. "나는 주님께서 나에게 손을 얹으셨다는 것을 아노라. 그분은 병자를 고치셨고 죽은 자를 살리셨도다." 저는 불구였던 제 손에 무슨 일이 일어났는지 알아채기도 전에 사과 한 부셸을 다 깎았습니다. 그러고 나서 저는 제 손이 완벽하게 나았다는 것을 알았습니다.

저의 치유 소식이 퍼지자마자, 사실 확인을 요청하는 사람들이 많이 있었습니다. 저는 세계 곳곳에서 그에 대해 묻는 편지를 받았는데, 어느 날에는 19통을 받았습니다. 같은 용건으로 시외에서 전화하는 사람도 많았습니다. 저는 저의 이전 상태에 대해, 모두가 알고 있는 대로, 이웃 누구에게나 말할 수 있었습니다. 전에 저에게 처방을 해주었던 의사가 3개월 전에 집에 왔었습니다. 그는 저에게 어떻게 지내는지 물었습니다. 저는 그에게 건강하다고 말하고, 주님을 찬양했습니다. 그는 제게 어떤 의사가 왔었는지 알고 싶어했습니다. 저는 "예수 박사님"이라고 말했습니다. 그는 "그분이 여기에 얼마나 있었나요?"라고 물었습니다. 저는 "제가 있는 한"이라고 대답했습니다. 그는 제가 주 예수 그리스도를 말한다는 것을 몰랐습니다. 그는 알아듣고서야 크게 웃으며, 매우 기뻐했습니다.

월요일에 사과를 깎은 후 저는 암에 걸린 한 여성을 위해 가서 기도했습니다. 그녀는 그 후 한두 번 밤 집회에 참석했고, 치유되었습니다. 제가 주님을 찬양하며 그 집에서 나오다가, 가스공장을 지나갔습니다. 그곳에서 일하는 사람들이 저에게 무슨 일이냐고 물었습니다. 그들 중 한 사람은 분명히 그리스도인이었습니다. 제가 그들에게 말하자 그가 외치기 시작했기 때문입니다. 1년 전에 치유된 이후로 나는 암이든 손발의 통증이든 어떤 증상도 없었습니다. 그런데 톨레도에 오기 한 달쯤 전에, 아주 큰 석탄 덩어리가 내 발에 떨어졌습니다. 아주 심하게 멍이 들었습니다. 여기 오기 3~4일 전에 거기서 0.5인치쯤 되는 뼛조각이 나왔습니다. 톨레도에 온 후, 저는 기도를 받고 발이 치유되었습니다.

그 이후로는 통증이 없었습니다. 저는 구원받은 이후로 병자들을 위해 기도하기 위해 여러 번 부름을 받았습니다. 한 가지 사례는, 몇 달 동안 침대에 누워 있던 어린 소년 존스(Billy Jones)였습니다. 그는 마비되었고, 등과 얼굴에 심한 상처가 있었습니다. 저는 그를 위해 기도했고, 9일 안에 걸을 것이라고 부모에게 말했습니다. 저는 그런 메시지를 담은 소리가 내게 들려온 것 같아 그렇게 말했던 것입니다. 그로부터 꼭 9일 만에 그는 두 블록 떨어진 우리 집까지 걸어서 왔습니다.

지난 겨울 어느 날, 저는 석탄이 없었습니다. 저는 주님께서 저를 돌보겠다고 약속하셨던 것을 알고 있었기에 그에 대해 기도했습니다. 아래층으로 내려가다가 부셸 바구니가 있어 열어 보니 석탄 덩어리가 가득 차 있는 것을 발견했습니다. 누가 보낸 것인지는 전혀 알 수 없었습니다. 저에게 필요한 것이 있어 기도하면, 마치 제게 친절한 이웃이 있어 그녀가 제게 준 것처럼 저는 꼭 그것을 얻습니다. 항상 곧바로 얻는 것은 아니지만, 그래도 얻기는 합니다.

이번에 톨레도로 오기 바로 전, 저는 주님께 "한 번 더 보스워스 집회에 참석하고 싶습니다"라고 말씀드렸습니다. 그분께서는 즉시 제가 톨레도로 가도록 돈을 마련해 주셨습니다. 제가 낯선 곳으로 가는 것을 알았기에 저는 "주님, 당신이 나를 돌보실 것을 압니다."라고 말했습니다. 제가 노력하지 않고도 그분께서는 여기 있는 동안 머물 아름다운 장소를 제게 마련해 주셨습니다.

암에 걸렸을 때 저는 에테르, 약품 및 다른 필요한 것을 살 돈을 마련하기 위해 옷을 팔지 않을 수 없었습니다. 그래서 치유 받았을 때는 가난할 수밖에 없었습니다. 그러나 그분께서는 그 이후로 계속 공급해 주셨습니다. 저는 아무것도 부족하지 않았습니다.

지난 4월 1일, 우리는 천연두에 감염되었습니다. 당국은 우리를 격리했고, 지원해 주려 하지 않았습니다. 저는 기도했습니다. 어느 날 모든 것이 다 떨어졌을 때, 한 남자가 대단히 큰 물건 바구니를 가지고 문 앞에 서 있었습니다. 딸과 저는 모두 병이 심했지만 예수님 말고는 의사가 없었으며, 아무 상처 없이 무사히 나왔습니다. 거의 3년을 고통받다가 순식간에 풀려나게 되었습니다! 너무 좋아서 사실인 것 같지 않습니다.

- 앨리스 베이커(Mrs. Alice Baker), 오하이오주 리마

베이커 부인의 암 간증에 대한 클라크 양의 확인

저는 베이커(Baker) 부인이 암을 치유 받았을 때 그 자리에 있었습니다. 그녀는 기름 부음과 기도를 받은 후, 누군가에게 "천을 벗기세요"라고 말했습니다. 다른 사람이 그것을 그녀의 얼굴에서 벗겼고, 베이커 부인은 그것을 집어던졌습니다. 그녀는 정말 성령으로 충만한 듯 보였습니다. 그녀는 벌떡 일어서더니 "나는 구원받고, 치유 받았다."라고 외쳤습니다. 내게도 그랬듯이, 청중들에게는 그녀가 치유된 것으로 보일 수가 없었을 것입니다. 그녀의 얼굴은 핏덩어리, 고름, 아물지 않은 상처 등으로 끔찍한 광경이었습니다. 그러나 그녀가 나중에 말하기를, 고통이 멈췄으며, 마음속으로 치유 받았다는 확신이 들었었다고 했습니다.

암의 악취가 너무 역겨워서 그녀의 카드를 작성한 직원이 그날 저녁부터 다음 날까지 내내 아팠습니다. 그러나 다음 날 밤에는 악취가 나지 않았습니다. 저는 그녀 바로 옆에 앉아 있었고, 이것이 사실이라는 것을 압니다. 그리고 암도, 입술에 난 구멍도, 모든 상처도 사라졌습니다. 그녀는 치유되었습니다. - 그것은 부인할 수가 없습니다.

그녀가 치유된 후, 저는 그녀가 아플 때 치료했던 의사를 만났습니다. 그녀가 치유 받았다는 소식을 듣고, 그는 제게 실제로 본 것을 말해달라고 했습니다. 저는 그에게 그녀가 천을 얼굴에 덮고 들어오는 것을 보았고, 그녀가 기도 받을 때 거기 있었으며, 그녀가 천을 벗으면서 치유되었다고 말하는 것을 들었고, 그녀가 천을 벗고 걸어 내려오는 것을 보았다고 말했습니다.

그는 그것은 불가능하다고 했습니다. 천으로 얼굴을 덮지 않고는, 눈이 어두워져 홀에서 나가는 길을 찾을 수 없을 정도로 고통이 너무 심했을 것이기 때문에, 걸어 나갈 수 없었을 것이라 했습니다. 그는 "아가씨, 당신은 최면에 걸렸어. 그럴 리가 없어."라고 말했습니다.

그가 그녀를 본 후에 저는 그를 다시 만났는데, 그는 그것이 그녀에게는 분명히 불가사의한 일이었다고 말했습니다. 그도 그것을 인정했습니다.

- 리다 클라크(Miss Lida Clark), 오하이오주 리마

엄청난 암이 치유됨

저는 1921년 5월에 일리노이 주 우드스톡의 오데가드(Trina Odeg- ard) 부인을 방문했는데, 그녀가 살아 있다기보다는 죽

은 것 같은 상태에 있는 것을 보고 매우 놀랐습니다. 우리는 그녀가 25년 이상 위궤양을 앓았다는 것을 알았고, 그녀가 암에 걸렸다고 생각했습니다. 그녀의 식사는 빵 반 조각으로 되어 있었는데, 제가 그녀에게 더 먹으라고 권하자, 그녀는 그렇게 하면 고통스러워 죽을 것이라고 말했습니다. 그녀는 간신히 바닥에서 걷는 정도였습니다.

제가 떠난 후, 그녀는 우드스톡에 있는 의사 세 명과 상담하고, 엑스레이 사진을 찍었습니다. 그리고 그녀가 수술을 권하기에는 너무 진행된 중증의 암에 걸렸다는 사실을 알게 되었습니다. 의사들은 그녀가 결코 회복되지 못할 것이라는 소견을 주었습니다. 그들은 그녀에게 약 2주 정도 살 수 있다고 하였습니다. 그녀는 이곳 시카고에 있는 전문의와 상담하기로 결정하였고, 그 전문의도 그녀에게 같은 말을 했습니다. 1921년 7월의 이 방문 기간에 그녀는 시세로 와 노스 거리(Cicero and North Avenues)에서의 보스워스 천막 집회에 대해 들었습니다. 그녀는 즉시 그곳으로 옮겨졌고, 기도를 받자 곧바로 치유되었습니다. 그녀는 기도 중에 하나님의 능력이 그녀의 몸을 통해 머리부터 발끝까지 내려갔다고 말했습니다.

그녀의 아픔, 고통, 괴로움은 즉시 사라졌습니다. 하나님의 능력으로 암이 제거되었습니다. 그녀는 천막을 떠나기 전에 너무 배가 고파서 먹을 것을 얻을 수 있는 곳에 갈 때까지 기다릴 수가 없었습니다. 다음날 그녀는 우리를 방문하여 지난 몇 년 간 그녀가 먹은 것 중 가장 푸짐한 식사를 했으며, 심각한 후유 증의 경미한 흔적도 없었습니다.

그녀가 치유된 지 6개월이 지났고, 요전 날 저녁에 전화를 했을 때 그녀는 잘 지내고 있었습니다. 그녀는 체중이 늘었고, 항상 배가 고프다고 했습니다. 우드스톡 사람들은 그녀가 시카고에 간 후에 살아서 돌아오는 것을 볼 줄은 결코 예상하지 못했기 때문에 크게 놀랐습니다.

어머니와 제가 구원받은 것은 그녀의 놀라운 치유를 통해서였습니다. 우리는 너무나 사랑이 많으신 하나님을 섬기고 싶었고, 바로 그때 그곳에서 우리 마음을 그분께 드렸습니다. 저는 개심한 이후로 날마다 더 행복합니다. 그러나 이것이 우리가 받은 축복의 전부는 아닙니다. 저는 거의 4년 동안 아팠고, 약을 복용했습니다. 저는 너무 신경이 과민해서 때로는 거의 히스테리에 빠졌습니다. 나는 빈혈이 심했고, 2년 반 전에 수술을 받은 속병도 가지고 있었습니다. 그 이후에는 전보다 더 나빠져서, 무엇을 해도 체중이나 힘이 늘지 않았습니다. 신경 강장제, 혈액 강장제를 복용하고, 혈청 주사를 맞았습니다. 아무것도 제게 도움이 되지 않는 것 같았습니다. 저는 삶이 싫어지게 되었고, 약 복용을 중단하기로 결정했습니다.

하나님께서 보스워스 천막 집회로 저를 인도하신 것에 감사드립니다. 그분께서 저를 구원하시고 치유하실 수 있도록, 제가 그곳에 가기를 원하셨다는 것을 알았기 때문입니다. 저는 그전에는 구원받지 못했었고, 저 자신을 예수님께 드리자마자 치유되었습니다. 저는 체중이 늘고 있고, 그 어느 때보다 강해졌으며, 더 이상 신경이 과민하지 않습니다. 저는 또한 제 마음속에 있는 완전한 평강과 기쁨에 대해 하나님께 감사합니다. 그리스도와 함께하는 삶은 최고의 기쁨과 행복입니다.

어머니는 놀라운 치유를 경험하였습니다. 한 의사가 제게 어머니를 즉시 돌봐드려야 하며, 그렇지 않으면 어머니와 함께할 시간이 그렇게 길지 않을 것이라는 점을 아는 게 좋겠다고 말하였습니다. 그는 어머니가 고통이 심해서 잠을 잘 수가 없자, 쓸개와 맹장의 질환 때문에 수술을 받아야 한다고 말했습니다. 어머니는 7년 전에 수술을 받았는데, 그 이후 건강이 좋지 않았습니다. 어머니는 병원에서 집으로 돌아온 후 복부의 장 파열로 고통을 겪기도 했습니다. 그래서 또 다른 수술을 받는다는 생각에 두려워하였습니다. 기도를 받은 후 어머니는 하나님의 능력이 통과하는 것을 느꼈고, 기뻐서 소리쳤습니다. 어머니의 고통은 완전히 떠나갔습니다. 하나님을 찬양합니다. 장 파열이 치유되었습니다.

-R. 제롤라만(Mrs. R. Jerolaman), 일리노이 주 시카고

다리의 암이 치유됨

저는 다리에 암이 걸려 수년 동안 고통을 겪었습니다. 그 고통은 머리카락을 쥐어뜯게 했고, 너무 심해서 말로 표현할 수가 없었습니다. 의사들이 수술을 했지만 차도가 없었습니다. 수술 후 2년 동안 저는 붓기 때문에 신발 끈을 묶을 수도 없었고, 제대로 걷지도, 무릎을 꿇지도 못했으며, 일을 할 수도, 밖에 나갈 수도 없었습니다. 흑색 육종암으로 선고되었습니다. 저는 4개월 동안 계속 침대에 누워 있었습니다.

기름 부음을 받고 기도를 받자마자, 통증이 거의 동시에 사라졌고, 붓기도 급속히 빠졌습니다. 이제 암은 완전히 사라졌고, 몇 개의 상처만이 흉측한 머리를 가진 검은 괴물이 살았던 부분을 표시하고 있습니다. 피부가 맑고 깨끗해졌고 건강이 완전해졌습니다. 치유를 받은 후 의사에게 갔더니 의사는 그냥 웃으며 말했습니다. "그렇군요, 킬릭 부인, 나은 것을 보아 기쁩니다. 그러나 6개월 후에 재발할 것이라는 데 10달러를 걸겠습니다." 이제 거의 2년이 되었고, 제 상태는 설명한 대로입니다.

- 킬릭(Mrs. Killick), 토론토

복합적인 치유

1921년 10월에 저는 하나님의 능력으로 암, 당뇨병, 심장 비대, 뒤틀린 척추, 하반신 마비, 신경쇠약 상태, 완전 실명에 가까운 시력 등이 치유되었습니다. 저는 암으로 1년 반, 다른 질병으로 7년을 고통받았습니다. 목발로만 걸었고, 나갈 때는 휠체어를 탔습니다. 몇 주 전에 저를 치료한 의사는 제가 자신이 알고 있는 가장 심한 고통을 겪는 환자 중 하나였다고 말했습니다.

10월 12일경 저는 몸이 좋지 않아 의사를 불렀습니다. 그는 제가 열흘 정도밖에 살 수 없다고 말했습니다. 10월 15일, 제 신문을 가져다주곤 하던 작은 남자가 문 앞에 와서 제 상태를 물었습니다. 그가 저를 만나자고 해서 허락을 했는데, 그는 제가 분명히 자기를 알아보지 못할 것이라는 기색이었습니다. 그가 나가기 전에 저는 그를 알아보았지만 말은 할 수가 없었습니다.

그가 말했습니다. "지독한 암을 치유 받은 킬릭 부인이 이곳에 올 것입니다. 그녀를 만나보시겠어요?" 저는 고개를 끄덕여 승낙을 했습니다. 그녀가 저를 만나러 와서는 하나님께서 저를 치료하고 싶어 하신다고 말했습니다. 그녀는 제게 성경을 읽어주고, 기도해 주었습니다. 그러나 지금은 그녀가 무슨 말을 했

는지 기억이 나지 않습니다. 그녀가 찬송을 불렀는데, 그것은
기억합니다.

온 자연계가 내 것이었다면,
그것은 너무나도 작은 선물이었습니다.
사랑은 너무 놀랍고 너무 멋진 것입니다.
내 영혼, 내 삶, 내 모든 것을 요구합니다.

그녀는 밤에 다시 오겠다고 말하며 떠났습니다. 저는 침대
에 누워 생각하다가 저를 돌봐주는 친구가 들어오자, "하나님
께서 저 부인을 치유하셨으면, 나도 치유하실 거야."라고 말했
습니다.

저는 주님께 제가 무엇을 하기를 바라시는지 여쭈었고, 그분
께서는 "신발과 스타킹을 신어라."라고 분명히 말씀하시는 것
을 들었습니다. 제 친구는 "저런, 너 일어설 수 없잖아."라고 말
하면서 신발과 스타킹을 가져왔습니다. 친구가 스타킹을 신기
려 제 발을 들어 올렸고, 저는 다른 점을 느끼지 못했습니다.
그러나 스타킹이 제 발에 닿는 순간 하나님의 능력이 제 몸에
접촉하는 것을 느꼈습니다. 그것은 제가 명령에 순종하고 있던
바로 그곳, 제 발에서 시작되어 온몸 전체로 퍼졌습니다. 저는
4년 동안 혼자 일어서지 못했었는데도 불구하고, 제 발로 일어
섰습니다. 그런 다음 옷을 가져오게 하여 혼자 입었습니다. 저

는 침실로 걸어가서 머리를 다듬었습니다. 제 친구가 "이제 뭐할 거야?"라고 물었습니다. 저는 그녀가 저녁 식사하는 것을 도와주겠다고 말했습니다. 그녀는 저에게 무엇을 먹을 것인지 물었고, 저는 그녀와 같은 것을 먹겠다고 말했습니다. 이전에는, 계란과 오렌지 주스만 먹었습니다. 저는 그녀가 먹는 것 그대로 먹었습니다.

저는 9시에 잠자리에 들고, 아침 6시까지 잤습니다. 저는 침대에 누워 있을 수 없었습니다. 일어나서 아침을 먹고, 설거지를 하고, 하나님께 영광을 돌리기 위해 제가 무엇을 하기를 원하시는지 그분께 여쭈었습니다. 저는 그분께서 "바닥에 왁스 칠을 하라"라고 말씀하시는 것을 들었습니다. 악마가 말했습니다. "너는 그렇게 할 수 없어. 너는 수년 동안 무릎을 꿇지 않았어." 저는 바닥에 끝에서 끝까지 왁스 칠을 했고, 킬릭 부인이 오후에 돌아왔을 때, 그것이 완료된 것을 보았습니다. 그녀가 말했습니다. "나는 작은 구세군 회관에서 간증을 하려고 해요. 당신의 간증을 해주겠어요?"

그녀는 저를 데려다줄 자동차를 구해 주겠다고 했지만, 저는 거절하고 내내 걸어갔습니다. 내가 그곳에 이르렀을 때, 하나님의 능력이 저를 너무 압도하여 말을 할 수가 없었고, 잠시만 머물렀습니다.

그때부터 지금까지 하나님께서는 제게 힘을 주시고 제 발걸음을 인도해 주셨습니다. 지난 여름, 저는 성공회 교회의 가장 큰 여름 별장 중 하나를 맡아, 대개 아침 6시부터 다음 날 새벽 2~3시까지 일했습니다. 저는 치유된 이후로, 주님께서 약이나 의사의 도움 없이 나를 구해 주신 폐렴이 한 번 있었던 것을 제외하고는, 완전히 건강해졌습니다. 저의 간증은 많은 사람에게 축복의 수단이 되었으며, 제가 믿음으로 열게 된 작은 선교관에 다니는 소녀들 몇 명이 그것을 통해 회심하고 치유되었습니다.

제가 하나님을 사랑하는 것이 이상합니까? 그분께서는 저를 영적으로는 물론 육체적으로도 축복해 주셨고, 저는 제가 세상에서 가장 행복한 여인이라고 확신합니다. 저 자신의 치유보다 더 좋은 것은, 그분께서 저를 위해 행하신 일을 다른 사람들에게 전하는데 저를 강력하게 사용하셨고, 많은 사람이 놀랍게 치유되었다는 것입니다.

- R. 닉스(Miss R. Nix), 토론토